Padre-Hija
Madre-Hijo

Caminos para construir la identidad
a partir de los complejos materno y paterno

Verena Kast

Traducido del alemán por
Mª Belén Pérez de la Fuente

© Verena Kast, *Vater-Töchter Mutter-Söhne.*
Wege zur eigenen Identität aus Vater- und Mutterkomplexen
© 2013² Kreuz Verlag part of Verlag Herder GmbH, Freiburg im Breisgau

© 2016 EDITORIAL ELEFTHERIA, S.L.
Olivella, Barcelona, España
www.editorialeleftheria.com

Primera edición: Junio de 2016
Traducción del alemán: María Belén Pérez de la Fuente
Ilustración de cubierta: istock.com/A-Digit
Maquetación y diseño: Rebeca Podio

ISBN: 978-84-945477-0-6
Depósito legal: B 12570-2016

Índice

Introducción

Q ue las personas «tienen» complejos paternos y maternos forma parte hoy en día del conocimiento psicológico general.

Cuando un hombre busca siempre en sus parejas a una madre o bien busca abiertamente parejas maternales, entonces el diagnóstico está claro para la mayoría: ese hombre sufre un complejo materno. Por lo general, lo que ocurre es que ese hombre no ha conseguido liberarse del vínculo materno a la edad adecuada, se ha estancado en una fase evolutiva anterior, o bien simplemente es una persona que siempre necesita a una «madre». En estos casos, es evidente que algo falla, y se habla de niños de mamá. Algo parecido ocurre con el *fils à papa*, el hijo que sigue siendo el hijo de papá durante demasiado tiempo; no obstante, esta expresión, más bien amable, es un claro indicador de que en nuestra sociedad el complejo paterno del hijo se considera menos problemático. En cuanto a la mujer, si ésta muestra predilección por hombres mucho mayores que ella, se le certifica un complejo paterno y así se le reprocha sutilmente el no haberse desapegado aún del padre. Si, por el contrario, sigue viviendo con su madre demasiado tiempo o copia su modo de vida de forma muy evidente, en ese caso, la gente que se siente perjudicada por tal comportamiento dice de ella que sufre un complejo materno, aunque es posible que este complejo no se vea con muy malos ojos.

A primera vista, da la impresión de que estos dos complejos básicos están relacionados con el hecho de que las personas son educadas por un padre y una madre y que éstos dejan su huella en ellos; o bien que nuestra sociedad señala y censura la carencia del uno o el otro. Este concepto, que a primera vista parece tan evidente y convincente, es, en realidad, muy complejo y está directamente relacionado con el desarrollo del ser humano, como lo sugiere el sentido común.

El complejo del yo de un individuo debe desligarse de los complejos materno y paterno a la edad adecuada, el individuo debe poder distinguir cuáles son las tareas que corresponden a su estado de desarrollo y disponer de un complejo del yo coherente –un yo suficientemente fuerte– que le permita a él o a ella reconocer los retos que le plantea la vida, afrontar las dificultades y obtener de la vida una cierta porción de satisfacción y de alegría de vivir.

El concepto de complejo es uno de los conceptos centrales de la psicología junguiana, por eso no es de extrañar que en las descripciones de los sujetos analizados aparezcan constantemente enunciados del tipo «es que él tiene un complejo materno positivo», o «ella tiene un complejo materno muy dominante, qué le vamos a hacer». Estos enunciados también revelan una impronta básica de esa persona, y ésta, a su vez, da una idea de dónde residen sus dificultades especiales o sus mejores posibilidades vitales.

En las descripciones de casos concretos o en las viñetas clínicas de psicología junguiana se hace referencia constante a estos complejos, e incluso algunas descripciones de imágenes de complejos proceden del propio Jung.[1]

Sin embargo, los complejos paterno y materno no han sido descritos hasta ahora en su conjunto, al menos que yo sepa, y esta carencia es la que quiero cubrir con el presente libro, sobre todo porque, tal y como a mí me parece, el concepto de complejo va a ser objeto de una nueva actualización gracias a los resultados de las últimas observaciones realizadas en lactantes.

Por otro lado, lo que aquí presento es únicamente una visión general donde sólo describiré las formaciones de complejos típicas. Hay que tener en cuenta que ninguna persona está determinada «sólo» por un complejo materno, sino que también interviene siempre el complejo paterno y, además, en cada una de las situaciones vitales –y éstas pueden ser muy variadas– el complejo del yo puede influir de diferente manera en el desarrollo de los complejos predominantes, por eso, los complejos se manifiestan muy raras veces en su forma «pura», que es como los describiré aquí, aunque sí dan éstos una idea de la atmósfera que conforma cada uno de ellos.

---

1 Jung, GW 9/1 p. 99-114; GW 4, pp. 366 ss.

La forma en que interactúan los diferentes complejos –y aquí hay que incluir otros, especialmente los complejos fraternos– se puede exponer de forma satisfactoria a través de descripciones metódicas y detalladas de casos concretos,[2] tal y como se ha hecho ya en otros estudios de orientación junguiana[3] que no resumiré aquí.

Lo que yo pretendo hacer aquí es exponer la visión particular que he obtenido de estos complejos tras más de veinte años de trabajo con pacientes a los que he analizado y de este modo también dar pie a un debate.

En primer lugar, voy a abordar minuciosamente el complejo materno positivo originario, por un lado, porque creo que éste, en general, ha sido muy poco tratado, por el otro, porque, en un mundo excesivamente marcado por el complejo paterno, cada vez hay más necesidad de aquellos valores propios del complejo materno que se han visto devaluados debido a la pérdida de valor de lo femenino, y que por ello están hoy ocultos en la sombra y los echamos en falta. De este modo, comprobamos que, al hablar del complejo materno, enseguida se pone éste en relación con la «madre devoradora», con lo que, subliminalmente, se está legitimando el patriarcado o, al menos, el androcentrismo.[4] Es mi intención evitar incurrir en la práctica tan habitual hoy en día[5] de suavizar la imagen del padre del complejo paterno para, de este modo, endurecer la imagen de la madre del complejo materno. Por eso mi intención aquí no es tanto describir estos complejos como corregir su imagen desfigurada, algo que haré en la medida que me sea posible.

Es obvio que estos complejos proceden, entre otras cosas, de una cultura patriarcal y, al describirlos, podría dar la impresión de que lo que pretendo es perpetuar las circunstancias que hacen posible su existencia. Pero nada más lejos de mi intención, pues lo que pretendo al describir estos complejos es dejar claro de qué manera estamos determinados por ellos y, por consiguiente, al darles un nombre y concienciarnos de su existencia, podamos liberarnos de ellos y convertirnos en personas más autónomas y con más capacidad de crear lazos afectivos.

---

2   Kast, 1990, pp. 179 ss.

3   Von Franz, 1970; Jacobi, 1985; Dieckmann, 1991, también pp. 128, 146, donde Dieckmann no sólo contribuye con viñetas clínicas, sino que además intenta presentar una teoría general de la neurosis.

4   Rhode-Dachser, 1991, p. 201.

5   Ibídem, p. 193.

"Lo quiero hacer de otra forma"
El desapego apropiado a la edad

C uando hablo de complejos originariamente positivos, me refiero a que son complejos que originariamente ejercían una influencia positiva sobre el sentimiento vital del individuo afectado y con ello también sobre el desarrollo de su identidad, y seguirían ejerciéndola de haberse consumado un proceso de desapego a la edad adecuada.

El complejo materno positivo proporciona al niño el sentimiento de que su existencia está justificada de forma incuestionable, el sentimiento de ser importante y formar parte de un mundo que proporciona todo lo que uno necesita, y un poco más aún. De este modo ese yo puede entrar en contacto con «otro» con toda confianza. El cuerpo es la base del complejo del yo.[6]

Sobre la base de un complejo materno positivo, las necesidades físicas se conciben como algo «normal» y también pueden ser satisfechas con normalidad. Existe un goce natural del cuerpo, de la vitalidad, de la comida y de la sexualidad. El cuerpo puede expresar emociones y puede aceptar tales expresiones de otras personas. Este complejo puede liberarse de sus fronteras al experimentar el cuerpo de otra persona, sin tener miedo a perderse al hacerlo. Pero no sólo es posible compartir la intimidad física, sino también la psíquica. Uno comprende a otras personas y, generalmente, también es comprendido; otras personas contribuyen al bienestar de uno mismo y, de la misma forma, uno es capaz de contribuir al bienestar de otros. Una persona que puede contar con afecto y comprensión y que goza de una cierta plenitud de amor, cuidados, comprensión y seguridad, desarrollará una actividad egoica sana.

---

6 Jung, GW 3, § 82 s.

Como muy tarde durante la adolescencia (pubertad y pospubertad, hasta los veinte años), el individuo tendría que haber superado la idealización de la figura de los padres, pues la idealización de los padres lleva implícita siempre la devaluación de la posición de niño y es precisamente en ese momento cuando suelen hacerse conscientes los complejos materno y paterno. En esencia, este desapego tiene lugar con respecto a los padres como personas, pero el papel que juegan aquí los complejos no debe ser subestimado, ya que cada impronta del complejo permite determinados pasos del desapego, a la vez que impide otros. Si, por ejemplo, el hijo siempre tuvo prohibido salir o pensar de manera diferente a como lo hace el padre, entonces son estos aspectos del complejo los que destacarán y contra los que tendrán que luchar los jóvenes o, si no, abandonar, de momento, el proceso de desapego. En ocasiones puede ocurrir que los jóvenes consigan tomar clandestinamente de otras personas aquello que falta en su patrón paterno y materno, incluso cuando, en realidad, no está permitido todavía el proceso de desapego. Este hecho implicaría un yo fuerte, implicaría que el desapego ya ha tenido lugar –quizás de una forma velada, porque no se ha permitido que se realizara de forma abierta–, o bien, que estamos ante jóvenes que, independientemente de las improntas de los complejos, tienen una fuerte tendencia a la independencia.

El desapego es un compromiso que se establece entre aquello que la propia vida quiere de un hombre y lo que quiere de él el entorno, es decir, en última instancia, el padre y la madre, los profesores o la sociedad en la que vivimos. Fases de desapego tan claras como la de la adolescencia están en relación con un clima propio de inicio de una nueva etapa, son fases de cambios radicales; el complejo del yo se reestructura, y esto significa que la autoestima se vuelve muy inestable.

Por lo tanto, sería esencial para los jóvenes sentir una cierta solidaridad con los padres, a pesar de que deban enfrentarse a ellos. Necesitan a los padres de los que se están desligando, por eso, en esta fase son tan problemáticos aquellos elementos de los complejos que básicamente impiden el desapego y amenazan con la pérdida del afecto o de la dignidad del joven. Ciertamente, es ahora cuando el grupo generacional se convierte en una red que proporciona al joven una cierta seguridad, pero nunca puede sustituir el intercambio de opiniones, afectuoso, doloroso y honesto de los padres. En esta confrontación, los padres muestran una imagen de sí mismos que los jóvenes a veces no han llegado a conocer de ellos y es precisamente a través de esta confrontación con la imagen que los padres tienen de sí mismos donde los jóvenes determinan su propia imagen. En esta situación, los hijos detectan aquello que los padres no han llegado a vivir y lo elevan a la categoría de un valor que ellos, los jóvenes, quieren experimentar ahora; el hecho de que los hijos vivan las experiencias a las que los padres han renunciado puede despertar su envidia y lo no vivido, aquello que en realidad ellos deberían haber experimentado también –es decir, la sombra– cobra un peso muy importante.

Pero los adolescentes no sólo se desligan de sus padres, pues el desapego tiene lugar también dentro de un grupo generacional; hay una sombra colectiva que casi siempre es asimilada por los jóvenes con entusiasmo y creatividad y se desarrolla como un estilo de vida. Así por ejemplo, a finales de los sesenta y en los setenta, los hijos de aquellos que gracias a su esfuerzo tuvieron un rol decisivo en la recuperación del país se convirtieron de repente en «*hippies*», impregnados por la experiencia artística, el eros y la sensualidad. De repente, a nivel colectivo, los aspectos positivos del complejo materno se consumaron en un mundo determinado por el complejo paterno. Este tipo de fenómenos pueden rastrearse incluso en la forma de vestir; por ejemplo, los hijos de los padres que llevan pantalones vaqueros tienen hoy en día una predilección especial por la ropa de diseño.

Durante la adolescencia, el padre o la madre individual de cada uno puede ser sustituido por padres o madres colectivos, tal y como los conocemos en la religión. En la pedagogía religiosa se habla de «rigorismo religioso» en esta edad, queriendo decir con ello que las cuestiones religiosas se plantean con carácter absoluto. Esto es muy fácil de entender desde el punto de vista psicológico. Dado que el joven se encuentra inmerso en una crisis de identidad, busca orientación, y como ésta no puede venir de los padres (los padres personales) se ponen en marcha los arquetipos que hay detrás de estas figuras tal y como se manifiestan en el sistema de valores colectivo, y es así como el joven puede desarrollar un fuerte interés por determinadas corrientes religiosas, un compromiso vinculante con un dios o una diosa cuya palabra quiere transmitir. Transitoriamente, el joven puede llegar a convertirse en «hijo de un poder superior», lo que hace que su autoestima se estabilice, y esto, a su vez, le facilita la separación de sus padres y la renuncia a sus atenciones. Pero lo que en esa situación el joven o la joven experimenta como algo absolutamente individual, como su «camino único y exclusivo», es, por lo general, un camino colectivo, el cual exigirá nuevos procesos de desapego cuando el individuo haya encontrado su auténtico camino personal. Por eso, la imagen de Dios de un hombre está sujeta a cambios: si comparamos las diferentes imágenes de Dios que han surgido en nuestras vidas –en el caso de que hayan tenido una cierta relevancia–, nos daremos cuenta de que éstas han ido cambiando. Incluso una fuerte convicción política en la etapa adolescente puede estar relacionada con el hecho de que los complejos materno y paterno sean proyectados sobre las promesas incumplidas de programas políticos. La diferencia entre un compromiso «normal» y otro que nace de un complejo radica en que, en el último, las convicciones son sagradas y se habla de traición con suma facilidad, en que la política no se entiende como una posibilidad de que los hombres vivan sin fricciones, sino que se busca en ella la esperanza de la salvación, por lo tanto las decepciones están programadas.

En general, se puede decir que durante las fases de desapego juegan un papel importante aquellas personas sobre las que, sin ser el padre ni la madre, se pueda proyectar lo paterno o lo materno, pero entonces también pueden asumir este papel las imágenes de dioses-padre y diosas-madre y sus respectivos programas vitales.

La adolescencia masculina
Blos: Freud y el complejo de padre

Peter Blos presenta una interesante tesis sobre la adolescencia de los jóvenes en su ensayo titulado «Freud und der Vaterkomplex»[7] (Freud y el complejo paterno). Blos parte de la pregunta de por qué existe tanta rivalidad, tanta competencia y tanta rebeldía entre los jóvenes adolescentes y sus padres. Según Blos, ocurre que a menudo esta fase no se supera adecuadamente, y por eso los problemas no resueltos se arrastran el resto de la vida. Blos postula que esto no es sino un resquicio de la primera infancia; según su tesis, durante la primera infancia el padre ayuda al hijo a superar la dependencia absoluta de la madre y lo apoya durante toda

---

7 Blos, 1987, pp. 39-45.

la vida en sus ansias de superación, en su evolución tanto psíquica como física. El padre ofrece su apoyo en la lucha contra la regresión, en la lucha contra los miedos (esto está relacionado con la fantasía masculina de que el padre está al servicio de los instintos vitales). Durante la pubertad del hombre, el amor hacia la madre cobra una nueva forma, esto es, que el complejo materno, dotado de elementos del ánima, adopta una nueva constelación y de este modo se despierta de nuevo el miedo a la dependencia primaria de la madre. Para Blos, esto indica que el joven volvería a necesitar al padre como cuando era un niño pequeño para que aliente su ansia de progreso; por lo tanto, durante la adolescencia también se reactiva la relación padre-hijo propia de la primera infancia, pero esa relación tan tierna y cariñosa ya no puede tener lugar, porque entonces el hijo se quedaría estancado en la figura del hijo de papá, traicionando de esta manera el principio de individuación. Este hecho explica la rebeldía frente al padre. Además, Blos considera que la rivalidad será más fuerte cuanto más se hayan querido y se sigan queriendo padre e hijo. Y en este contexto, Blos postula una segunda tesis: en realidad, la ardorosa sexualidad de los adolescentes se dirige más contra el padre, como un medio para lograr el desapego de él, que hacia las mujeres, como modo de relacionarse con ellas, por eso habría que dejar de entender la sexualidad como la imperiosa ambición del padre.

Por otro lado, Blos apenas trata de la emancipación de la madre, lo que me resulta extraño –o quizás no tanto–. Considera que cuando la confrontación con el padre se produce de la manera adecuada, desvaneciéndose así la idealización del padre, el hijo podrá emprender su propio camino, siempre observado por el padre desde la distancia.

Sin embargo, visto desde la psicología profunda, es necesario que se produzca también el desapego de la madre y del complejo materno, pues, de lo contrario, el complejo materno y todas sus expectativas implícitas serían trasladados a la novia o la pareja. Si el joven únicamente se apartara de la madre, para así desvalorizarla, entonces deberían escindirse y devaluarse muchos aspectos del complejo materno y las partes del ánima relacionadas con él, y esto a su vez implicaría que lo materno, y también lo femenino, provocaría mucho miedo en el joven y, por lo tanto, tendría que ser aún más reprimido. Resulta sorprendente lo frecuente que es la expresión de la «madre devoradora»[8] en las diferentes teorías y con

---

8 Rohde-Dachser, 1990, p. 45.

qué facilidad la adoptan las mujeres, ¿es que acaso se identifican con su agresor? En estos casos suele tratarse de madres concretas. Es esencial entender que las madres que describimos en nuestros complejos no se corresponden completamente con madres concretas y que no es legítimo confundir las figuras arquetípicas con nuestras personas de referencia.

Sabemos que los miedos aparecen cuando reprimimos algo; el miedo vendría a hacer algo así como presentarnos lo reprimido, con el fin de que lo tengamos en cuenta, porque está claro que forma parte necesariamente de nuestra vida. Por lo tanto, tendríamos que preguntarnos si al desvalorizar lo femenino, al convencernos de que no es necesaria ninguna confrontación con la madre ni con el complejo materno en el proceso de formación de la identidad del hombre, las madres, lo materno y en última instancia también lo femenino, se convierten en algo mucho más peligroso de lo que son en sí. Todas las teorías de la «madre devoradora» han sido elaboradas por hombres y, por lo que yo sé, se encuentran absolutamente en todas las escuelas de psicología profunda.

Blos ejemplifica su tesis en la figura de Freud, lo cual es especialmente interesante. Considera probado que Freud tuvo una relación muy estrecha con su padre, Jakob, una fuerte vinculación sentimental que duró hasta bien entrada la edad adulta. En algunas cartas escribe Freud que él fue reconocido como el hijo predilecto de ese temido hombre; a su padre lo describe como un hombre «de profunda sabiduría y carácter extremadamente despreocupado»[9] y físicamente lo compara con Garibaldi, un personaje heroico. De sí mismo dice que estaba dispuesto a hacer cualquier cosa por seguir siendo el predilecto de su padre. El complejo paterno originariamente positivo de Freud se refleja en su vida posterior en sus apasionadas y prácticamente exclusivas amistades masculinas, las cuales derivaron con facilidad en relaciones padre-hijo, igual que le ocurrió a Jung. Éste, veinte años más joven, enseguida se sintió desbordado por su «padre Freud». En este contexto, Blos ve una transferencia; también Freud se sentía desbordado continuamente por su idealizado padre, al que quería obsequiar con honra y fama. En 1896, a la edad de cuarenta años, Freud sufrió una crisis existencial cuando perdió a su padre. Pero la muerte de su padre estuvo precedida de un extraño comportamiento por parte del propio Freud: estando ya el padre en su lecho de muerte, el

---

9 Blos, 1987, p. 42,

hijo decidió irse dos meses de vacaciones y finalmente llegó tarde al entierro porque le entretuvieron en la peluquería. Este comportamiento le asombró tanto al propio Freud que decidió analizarse a sí mismo. El primer libro que surgió como consecuencia de este autoanálisis es *La interpretación de los sueños*. Era absolutamente necesario que se desligara ya de su padre; Freud cayó en una crisis de identidad que pudo utilizar de forma creativa, dando vida al psicoanálisis. En el prólogo, Freud escribió lo siguiente: «La interpretación de los sueños es una reacción al suceso más significativo, a la más amarga pérdida en la vida de un hombre».[10] Una afirmación así sólo puede venir de alguien que haya mantenido una relación absolutamente idealizada con su padre.

Dos años después de la muerte de su padre, Freud descubrió el complejo de Edipo, pero, según Blos, en la interpretación de este complejo Freud había pasado por alto completamente el papel del padre. Como es sabido, en el mito de Edipo el oráculo predijo que el hijo que Yocasta trajera al mundo mataría a su padre, Layo, por lo que, tiempo después, Layo cogió al recién nacido, le atravesó los pies con unas fíbulas para que tampoco pudiera caminar como espíritu y lo abandonó en lo alto de un monte. Es decir, que intentó matar a su hijo. En muchas interpretaciones se pasa por alto que el padre abandonó a su hijo en manos de la muerte,[11] y eso también le ocurrió a Freud.

Por lo general, allí donde comienza nuestra región del complejo estamos determinados por ese complejo y no por la objetividad.

Después de la muerte de su padre, Freud se desligó de él y superó su idealización y con ello también la implícita desvalorización de sí mismo, del hijo, y a partir de ese momento inició un notable progreso y una enorme creatividad.

Con esta interesantísima investigación, Blos ha confirmado claramente que nuestras teorías tienen algo que ver con nuestras constelaciones de complejos, y esto podría explicar por qué hay diferentes teorías para una misma cosa: en las diferentes improntas de un complejo los mismos fenómenos se ven y se valoran de forma ligeramente distinta. La teoría de Blos –que sostiene que la ardorosa sexualidad de los adolescentes sirve en primera instancia para lograr el desapego del padre–, podría explicar, por ejemplo, por qué la sexualidad del ser humano, que

---

10   Freud, *La interpretación de los sueños*, citado en: Blos, 1987, p. 43.
11   *Cfr.* Dieckmann, pp. 130 ss.

sin duda es muy importante, ocupa una posición tan central en la teoría freudiana.

El psicoanálisis pasa por ser una ciencia patriarcal en un mundo patriarcal. En la discusión teórica del psicoanálisis, la mujer tiene, si acaso, una posición marginal.[12] Pero también lo sigue teniendo difícil en nuestra cultura para salirse de los restringidos lugares que desde siempre ha tenido asignados y conquistar aquellos que le corresponden, o, simplemente, para establecerse con normalidad en los lugares más acordes a ella. Con demasiada frecuencia se sigue viendo a la mujer en relación al hombre y en relación al hijo, pero, en realidad, esto hace que la mujer sea despojada de una identidad original propia, ya que la mujer sólo existe en relación al hombre, es decir, que su personalidad se deriva de él.[13] El hecho de que en la teoría del psicoanálisis apenas haya lugar para la mujer se entiende mejor al conocer que el psicoanálisis nace de la confrontación con el complejo paterno dominante. Y esto, además, nos da una indicación metódica: si el complejo es muy dominante, el análisis de los sueños, el análisis del inconsciente, parece ayudar a desligarse del padre. No obstante, el hecho de que las mujeres de hoy en día sigan afirmando que es demasiado difícil determinar «el lugar de las mujeres» en el psicoanálisis[14] debería hacernos cuestionar si el desapego del hombre ha sido suficientemente impulsado. ¿No faltaría en este caso también la reactivación y la elaboración del complejo materno?

¿Pero fue únicamente el complejo paterno personal de Freud lo que provocó que su teoría fuera tan androcéntrica? Pues bien, Jung, quien estuvo fascinado toda la vida por el arquetipo de la Gran Madre, y cuya psicología está mucho más comprometida con el pensamiento matriarcal –y él también, debido a una complicada relación con su padre–, cuando hablaba de la mujer la describía también sólo en relación al hombre. Teniendo en cuenta su concepto de individuación, él mismo debería haberse prohibido tal cosa, pero, al fin y al cabo, ambos investigadores trabajaron en un tiempo en el cual la razón de ser de las mujeres era únicamente ser madres o hijas. Depende de nosotras, de las mujeres de hoy en día, dar nombre a estas limitaciones de la teoría de la psicología y reformular estas teorías adaptándolas a nuestra propia psicología, intentar, en suma, describir «el lugar de las mujeres».[15]

---

12 Rhode-Dachser, 1991, pp. 14 ss.
13 Rhode-Dachser, 1990, pp. 42 ss.; Kast, 1991, pp. 65 ss.
14 Rhode-Dachser, 1990, pp. 42 ss.
15 Kast, 1984, pp. 157 ss.

La adolescencia femenina

Durante la adolescencia de la mujer también se reactivan complejos paternos y maternos. El complejo paterno se sitúa en primer plano, mezclado con formas del ánima cercanas al complejo paterno. Así, aquellos comportamientos vitales que se relacionan con el padre se transfieren ahora a un amigo o a un ser intelectual espiritual, mientras que los comportamientos vitales de los que las jóvenes se han visto privadas se buscan ahora en otros hombres o en el mundo espiritual.

En las jóvenes hay que diferenciar dos formas de socialización diferentes: las que tienen una pareja y experimentan la relación de pareja desde muy pronto y las que se centran en lo intelectual. Dependiendo de la correspondiente impronta de su complejo materno, pueden vivir muy ajenas a su cuerpo; así, si se da una impronta positiva del complejo materno –incluso aunque sea inconsciente–, se entiende el cuerpo como algo natural. El mundo espiritual al que se sienten vinculadas estas jóvenes puede ser uno fascinante, lleno de inspiración, aventuras interiores y experiencias espirituales, pero también puede ser un mundo de erudición y de conocimiento del pensamiento. En todo caso, la inteligencia y la agudeza forman parte de su ser. A veces puede ocurrir que se den los dos tipos de socialización a la vez. En ambas formas de socialización se mantiene siempre el vínculo con el complejo paterno y, por lo tanto, se mantiene la subliminal idealización de lo paterno.

El problema al que se enfrentan las mujeres consiste en que la sociedad tradicional no exige el desapego del complejo paterno; la mujer cumple con su rol social simplemente teniendo novio o pareja y, si además desarrolla una identidad propia, parece ser algo totalmente secundario. Exagerando, esto quiere decir que desde el punto de vista de la distribución de los roles, nuestra sociedad sugiere a una joven adolescente que sea «normal», que sea una mujer como es debido, aun cuando carezca de una identidad propia y en última instancia dependa de la identidad que le proporcione el hombre;[16] es decir, que con la simple presencia del hombre, la mujer tenga la sensación de ser ella misma y así el hombre le pueda decir lo que debe ser, cómo debe sentirse y cómo debe comportarse. Si la mujer se atreve a vivir según sus propias reglas, entonces no es una mujer «como es debido» a los ojos de los hombres. Si para ella la

16 Kast, 1992, [2], pp. 94, 65; 1991, pp. 65 ss. Flaake/King, 1992.

opinión de los hombres es decisiva e importante, en el caso de que éstos la critiquen caerá en una crisis de identidad o bien se adaptará, pero sólo una crisis de identidad le proporcionaría la oportunidad de encontrar su propio *Selbst*.

Aquellas mujeres que no desarrollan una identidad propia, que no se desligan del complejo paterno y que no se enfrentan al complejo materno o, que por cualquier otro motivo, no desarrollan su identidad propia, suelen reaccionar a las separaciones cayendo en la depresión. En las situaciones de separación uno ha de reorganizarse desde su *Selbst* de referencia hacia el *Selbst* original,[17] pero esto sólo es posible si existe un *Selbst* propio en origen. Emily Handcock, estudiando a mujeres que presentaban un mayor grado de seguridad en sí mismas que la media, descubrió que éstas, después de muchos años de no decidir por sí mismas, a menudo habían vuelto a encontrar el acceso a su «muchacha interior», liberando así a su auténtico yo.[18] Carol Hagemann-White extrae la conclusión de que a menudo las jóvenes competentes y seguras de sí mismas pierden su yo al inicio de la adolescencia y se dejan llevar por el ideal que rige en su entorno.[19]

Ciertamente, esta afirmación resulta demasiado general y, ante todo, no se da en todas las constelaciones del complejo en exclusiva; a pesar de esto, con frecuencia se constata que, si preguntamos a las mujeres por su etapa infantil, comprobamos que hacia los diez años de edad aún mostraban una personalidad sustancialmente más independiente, perfilada e interesante. Al adaptarse, la muchacha pierde los aspectos más importantes de su *Selbst* original; esto cambiaría si las muchachas recibieran más halagos por su originalidad y menos por su adaptación y si las mujeres no sólo fueran tenidas en cuenta en relación al hombre.

Se sabe que aquellas mujeres que tienen trabajos de responsabilidad se sintieron muy atraídas de niñas por el rol del padre;[20] en este tipo de mujeres se hace muy evidente la problemática de la adolescencia femenina. Bernardoni y Werder han descubierto que ocho de cada diez mujeres que tienen trabajos de responsabilidad son hijas de titulados universitarios que las educaron para ser independientes y autónomas. Estas mujeres describían a su padre como una persona activa, inteligente, ambiciosa y liberal. Convirtieron al padre en su modelo, mientras

17 Kast, 1991.
18 Hancock, 1989.
19 Hagemann-White, 1992, en: Flaake/King, pp. 64-83.
20 Bernardoni/Werder, 1990, en: *Ohne Seil und Hacken...*

que rechazaron a la madre; también rechazaron el restringido papel de la mujer, porque no podían ni pueden aceptar la pasividad y la apatía de sus madres. A la pregunta de cómo habían manejado sus problemas de identidad durante la adolescencia, respondieron en su mayoría que trabajando y estudiando más, es decir, que se dieron cuenta de que los problemas de identidad se pueden compensar rindiendo más en el trabajo. Casi todas ellas están casadas, algo que forma parte de su imagen del complejo paterno positivo. Por un lado, consideran al hombre atractivo y alguien de confianza, por el otro, las mujeres con complejo paterno positivo hacen justo aquello que se hace en una sociedad determinada, si esto es casarse, pues entonces se casan.

Ésta es una de las formas de socialización femenina de hoy en día: una mujer no desligada del complejo paterno, pero que ejerce con gran éxito un trabajo dentro de ese mismo mundo paterno, por el cual obtiene su reconocimiento. El hecho de que su identidad femenina sea especialmente frágil más allá de la identificación con su rol se hace patente cuando su trabajo deja de compensarla o cuando se produce una situación de separación, en ese momento es necesario que se produzca la confrontación con la madre o con el complejo materno específico.

Sería especialmente importante para todas las mujeres –pues en este nuestro mundo androcentrista todos estamos determinados por el complejo paterno, independientemente de cómo sea éste– que siguieran confrontándose con su identidad tal y como es experimentada por ellas mismas y con sus fracturas de identidad, y que no se doblegasen a las teorías que nos dicen cómo ha de ser la identidad de la mujer. Sería necesario describir la búsqueda de la identidad y la experimentación de la identidad en diferentes situaciones de la vida, y las mujeres deberían hablar de este tema entre ellas.[21] Uniéndonos a lo expresado en el libro de Christa Wolf *En ningún lugar. En ninguna parte*, entre mujeres debe escucharse la llamada de un lugar propio, pero nunca deben dejar que nadie se lo indique, menos aún los hombres, sino que son ellas las que tienen que dar nombre a ese lugar y ocuparlo según su propio criterio.

---

21 Kast, 1992 [2], pp. 51 ss.

La confrontación con la madre

Para llegar a encontrar su propia identidad, la muchacha adolescente debe confrontarse con la madre y con el complejo materno. Si no lo hace, lastrará la relación con su pareja a través de la proyección de su vivencia del padre y las expectativas respecto a él no satisfechas, además de a través de los problemas maternales que están por llegar y de las expectativas respecto a la madre no satisfechas.

El desapego de la madre tiene lugar en un terreno muy difícil. Se puede decir que, en realidad, no es algo exigido, y quizás con razón, pues para la mujer el desapego no tiene como fin cortar la relación con la madre ni tampoco llegar a una autonomía, entendida como ausencia de lazos afectivos. En el mejor de los casos, el desapego de la muchacha adolescente respecto a su madre tendría que acarrear el nacimiento de una nueva relación con ella, en la cual queden resueltos todos los aspectos del complejo que existieran en la relación que mantuvieron durante la infancia. Y es por este motivo por lo que sí es necesario que se produzca tal desapego, aunque su finalidad no sea llegar a una separación definitiva, sino el poder establecer entre ambas una forma de relación más sana.[22]

Obviamente, igual que la madre también llega a desarrollar un complejo filial en relación a su hija o en relación a su hijo, sólo que normalmente no se habla de eso, con el padre ocurre lo mismo. Cuando las madres y los padres hablan de sus hijos o se quejan de ellos, casi siempre pensamos que se trata de problemas «reales», pero hay que tener en cuenta que en este tipo de relaciones también intervienen los complejos. Así mismo, en niños concretos también puede haber elementos del complejo –en este caso en el sistema del padre o de la madre–, pues con los niños también se tienen expectativas que van más allá de la individualidad del niño en concreto y que también son diferentes en función de la edad. Durante el proceso de desapego del adolescente se activa en los padres su propio proceso tardío y necesario de desapego de sus padres.[23] Sin embargo, me parece –y habría que estudiarlo más detenidamente– que sería muy importante que también se produjera el desapego de los complejos de hijo y de hija, determinados éstos por los propios hijos, ya que esto facilitaría a los adolescentes su propio desapego.

22   Stern, en: Flaake/King, 1992, pp. 254 ss.
23   Kast, 1991, pp. 53 ss.

Hoy en día hay madres que viven roles muy diferentes. Así por ejemplo Sandra Scarr[24] constata que las hijas de madres que se dedican a trabajos con los que se sienten satisfechas están más seguras de sí mismas en su papel de mujer y menos dispuestas a ponerse en situación de dependencia con respecto a los hombres, aunque tengan un complejo paterno más bien positivo. Para ellas, la confrontación con la madre es más fácil de superar porque no tienen que rescatarla de una desvalorización previa.

Sin embargo, no es únicamente la madre personal la que interviene en el desapego de la hija, ni es únicamente el papel de la mujer como madre en la sociedad el que interviene en la cuestión de la emancipación, ya que también están implicadas las imágenes arquetípicas de lo femenino, es decir, aquello que de forma general se considera femenino; y, en este sentido, siempre reaparece la idea de que lo «femenino» es algo peligroso. Dado que las grandes diosas femeninas representan el nacimiento y la muerte, la fertilidad y la sequía, el amor y el odio, se vincula el poder de mujeres concretas con todo aquello que está comprendido entre las dos grandes fuerzas vitales, es decir, entre la abundancia y la muerte. Pero no es lícito proyectar estas experiencias arquetípicas sobre mujeres concretas. Lo que se manifiesta en estas proyecciones es, sobre todo, el miedo al poder de las mujeres, miedo que en última instancia procede del hecho de que las mujeres o bien son idealizadas o bien son desvalorizadas, pero nunca son tomadas en serio en su esencia misma. Ninguna mujer encarna la muerte, aunque haya dado la vida a un hijo, entregándolo a una vida que terminará en la muerte. Para una mujer adolescente, los conceptos de mujer que a diario le llegan a través de la publicidad, el cine y la literatura significan que sus raíces son peligrosamente ambivalentes. Por otro lado, los dioses masculinos están mucho más presentes que las diosas, aunque en este aspecto en los últimos años ha habido muchos cambios. El hecho de que las mujeres lleven a cabo estudios sobre las diferentes diosas femeninas –y no sólo sobre su aspecto materno– y tomen conciencia de ellas nos muestra hasta qué punto es esencial que la mujer también sea consciente de que tras ella hay una diosa y no sólo un dios masculino, y que, por lo tanto, para la mujer también es bueno tener una identidad originaria y no una prestada por un dios masculino. Es importante que se siga desgranando lo femenino arquetípico, tal y como se nos aparece hoy en día, para así hacerlo consciente. De esta manera,

---

24   Scarr, 1987, p. 32.

el compromiso unilateral de la mujer con la creación de vida y la consecución de la muerte se amplía hasta alcanzar toda la rica diversidad que distingue la vida femenina y sobre todo también a las diosas.

Este cambio en la conciencia colectiva que claramente se está abriendo camino debería procurar a las jóvenes adolescentes la percepción de que su identidad se fundamenta en algo que tiene valor en sí mismo y que cubre aspectos importantes de la vida de forma autónoma y que hoy en día la mujer puede desempeñar muchos papeles. El anhelo de modelos femeninos, de testimonios de mujeres que han hecho su vida a su manera, está directamente relacionado con la toma de conciencia de las figuras femeninas arquetípicas. Y este anhelo queda reflejado hoy en día en las innumerables biografías de mujeres escritas por mujeres. En ellas se muestra que ahora las mujeres ya no son simplemente idealizadas ni se identifican sin fisuras con diosas, lo que supondría una forma diferente de identidad derivada, sino que se buscan testimonios de vidas de mujeres posibles, es decir, que buscan ideas de cómo podría ser su propia vida.

Con este escenario de trasfondo, la emancipación de la mujer adolescente tiene lugar en la confrontación con su propia madre. La madre es el modelo contra el cual se concibe inicialmente la identidad propia. Las muchachas detectan la sombra, la vida no vivida de sus madres y comienzan a idealizar aquello que en la vida de la madre no tomó el impulso definitivo. Obviamente, la frase «Quiero hacerlo todo de manera diferente a mi madre» puede indicar que la mujer tiene un complejo materno negativo originario, tal y como lo describió Jung,[25] pero también se trata de una frase muy habitual durante el proceso de desapego. La hija no tiene en realidad una postura propia, pero siempre está en contra. En ese momento ya puede comenzar la búsqueda de la identidad.

No es necesario que las hijas odien a las madres mientras dura esa postura de enfrentamiento con la madre. En teoría, esta necesidad procede de la idea de que madres e hijas son idénticas, de que el odio conlleva la separación necesaria para llegar a encontrar la personalidad propia.[26] Aquí hay dos malentendidos: aunque ambas sean mujeres, esto no implica en absoluto que sean iguales, que en cierto modo vivan en una unión dual hasta que la hija llegue a la adolescencia. Y aunque las dos mujeres

25 Jung, GW 9/1, p. 105, § 170.
26 Rohde-Dachser, 1990, p. 47.

se parecieran mucho, lo que se puede dar en determinados casos, el odio no sería la solución, pues el odio no separa, sino que une. Posiblemente nos acordamos tanto, o más, de las personas a las que odiamos como de aquéllas a las que amamos.

Obviamente, las hijas critican a las madres durante el proceso del desapego, y esto ha de ser así. A las madres no se les perdona que no hayan sido consecuentes con su proyecto vital, que hayan insistido en llenar su vida con su marido y sus hijos y que, de repente, digan que han tirado su vida por la ventana. Se critica el «autoengaño» de las madres, el cual habitualmente está relacionado con el hecho de que ellas mismas no se han desligado de los complejos paterno y materno. Se les echa en cara que hayan delegado en sus hijas gran parte de lo que ellas no han llegado a vivir, pero es que además, su forma de delegar suele ser ambigua: «Procura tener tu propio trabajo y triunfa, pero dame nietos y nietas a tiempo».

Estas delegaciones de la madre hacia la hija, por lo tanto, representan una privación de libertad y además lastran sumamente la relación madre-hija. También se producen de forma natural delegaciones entre padres e hijos, padres e hijas y entre madres e hijos, pero parece que son mucho más frecuentes entre madres e hijas.

La inseguridad de la mujer con respecto a su rol femenino, que en realidad conlleva una gran apertura, se hace patente en esas delegaciones contradictorias; así, cuando las madres dicen a sus hijas por ejemplo: «Ten cuidado, a las mujeres no se les suele prestar atención, pero no por ello debes ser descarada», ¿qué debe hacer la hija con este doble mensaje? De una manera menos recriminatoria, aunque igualmente hiriente, se hace patente esta inseguridad también en el trabajo fuera de casa; las mujeres saben que suelen hacer muy bien su trabajo, pero tienen dudas sobre el valor de su labor, tienen la tendencia a mejorar alguna cosa una y otra vez, o bien no se atreven a responsabilizarse de su trabajo si es que se lo exigieran. Para las mujeres es necesario hacer con cariño aquello que hagan. Flaake[27] explica este comportamiento con el argumento de que en aquellas cosas que están relacionadas con el trabajo futuro las muchachas no se ven reflejadas en ni reforzadas por su padre ni por su madre; a las muchachas se las elogia demasiado por su gracia, su belleza y su buen

---

27 Flaake, 1989.

comportamiento y son estos aspectos los que son reforzados y a los que se da prioridad. Flaake propone que las mujeres deberían reforzarse unas a otras el valor de su trabajo para así compensar esa carencia. Esto sería deseable, pero también significaría que las mujeres tendrían que trabajar decididamente en la cuestión de la envidia.

En esta fase de desapego, que en realidad es una fase de búsqueda de sí misma, no sólo son importantes los modelos, sino que también son esenciales las relaciones con otras mujeres, si es que la impronta del complejo materno lo permite. Si una mujer está marcada por un complejo materno muy negativo –lo que significaría que para ella las mujeres, y sobre todo las madres, son únicamente una fuente de grandes decepciones–, ese camino no suele ser viable. La relación con otras mujeres posibilita que la mujer se haga consciente de sí misma como mujer: las mujeres ya no se ven sólo con sus propios ojos, sino a través de los ojos de otra mujer; se reflejan las unas en las otras, se perciben a sí mismas y se aceptan. Pero la relación con otras mujeres proporciona también una calidad vivencial, que yo denominaría «calidad de ánima»: se trata de una atmósfera de armonía mutua y de «ensanchamiento» del alma, en la que no es necesario protegerse, una forma de sentirse aludida eróticamente que no busca la acción inmediata, una fascinación de posibilidades femeninas, de ternuras, etc., que simplemente pueden experimentarse en algún momento. De este modo también cobran vida imágenes femeninas inconscientes, conectadas con las emociones especiales de cada una, que están muy relacionadas con la armonía –ya sea una armonía delicada o una salvaje– y que abren las diferentes dimensiones de la esencia de ser mujer.

Originariamente Jung consideró que el «ánima» es el aspecto femenino del alma masculina, y que la mujer en lugar de esto tiene un «ánimus». Sin embargo, parece que hoy en día las mujeres tienen una gran necesidad de contar con un «ánima» y que ésta es esencial para desprenderse definitivamente del complejo materno. El intercambio de experiencias con las amigas –quienes si no ocupan el segundo lugar es porque la relación con el novio se exige y se favorece social y familiarmente–, pero también la vivencia emocional entre amigas, es importante para el desarrollo de patrones de relaciones en los que la mujer no debe renunciar a ser ella misma, sino que puede ser tal y como es. Además, en estas situaciones se despiertan y se cuidan sentimientos diferenciados dentro de las relaciones.[28]

De esta experiencia cristaliza un nuevo proyecto vital, el cual permite de nuevo el acercamiento a la madre: la mayoría de las veces se trata de una confrontación con la madre, pero que ahora se lleva a cabo de forma empática, en la cual la madre puede estar presente como figura autónoma y puede entender a la hija en su proceso de hacerse mayor. En este nuevo acercamiento, la muchacha podrá comprobar en qué se parece a su madre, incluso podrá comprobar que tiene el mismo carácter fastidioso que su madre, con el que, en el mejor de los casos, podrá aprender a convivir de una manera diferente, pero también podrá comprobar que, a pesar de las similitudes, es una persona diferente.

Este nuevo acercamiento podría expresarse en conversaciones en las que la hija es capaz de entender por qué su madre eligió ese modo de vida, pero donde la madre también alcanza a comprender el proyecto vital de su hija. Quizás la hija tenga que aceptar con el corazón lleno de dolor que su madre es escéptica ante su proyecto vital o que simplemente no puede aceptarlo en absoluto debido a su propia historia. La crisis del nuevo acercamiento cristaliza a partir de la decepción que supone el hecho de que nunca más volverá la antigua relación que existía entre la hija pequeña y la madre, cuando quizás ambas eran uña y carne. Este nuevo acercamiento también puede expresarse en la esperanza ahora frustrada de poder construir una relación cercana entre madre e hija, algo que hasta entonces no había sido posible pero que es evidente que está presente en la fantasía femenina. A lo sumo será posible construir una relación entre madre e hija buena y de confianza, una relación entre dos mujeres que se conocen bien, que se aprecian y que aceptan que cada una de ellas se rige por modelos de mujer diferentes.

---

28   Kast, 1992 [2].

«No tiene ningún sentido implicarse»

Los complejos y la memoria episódica

Los complejos[29] son constelaciones específicas de recuerdos que tienen su origen en experiencias y fantasías condensadas, se ordenan en torno a un tema básico y están cargados de una fuerte emoción de la misma cualidad. Si a lo largo de la vida se toca ese tema básico o el afecto correspondiente, entonces reaccionamos movidos por el complejo, es decir, que vemos e interpretamos la situación a tenor del complejo, nos volvemos emotivos y nos defendemos de forma estereotipada, tal y como lo hemos hecho siempre. En el ámbito de las relaciones esto significa que en una situación así, en principio, la comprensión mutua queda interrumpida. Los complejos se hacen visibles a través de nuestras vivencias y nuestros actos, pero también se pueden apreciar en los símbolos, lo que subraya el núcleo de estos complejos que está dirigido al futuro. Según Jung, los complejos tienen un núcleo arquetípico, esto quiere decir que los complejos se crean allí donde se alude a algo vital.

Los complejos son ejes afectivos de la personalidad que están provocados por un choque doloroso o transcendental del individuo con una exigencia o un suceso procedente de su entorno para el que no está preparado.[30] Esta descripción hace evidente que los complejos nacen de la interacción del lactante y del niño con sus personas de referencia, siendo

---

29 Kast, 1990, pp. 44 ss.
30 Jung, GW 3, en concreto: «Der gefühlsbetonte Komplex und seine allgemeinen Wirkungen auf die Psyche» («El complejo de tonalidad emocional y sus efectos generales sobre la psique»)§ 77-106...

la primera infancia una etapa especialmente sensible para la formación de complejos, aunque, en realidad, éstos pueden formarse en cualquier etapa de la vida.

Cuando Jung describió el proceso de formación de un complejo, estaba pensando en aquellos complejos que pueden crear problemas a un individuo, que son, obviamente, los que más preocupan a la gente. Pero hay que tener en cuenta que, en realidad, todas las interacciones significativas entre el niño y su persona de referencia, todas las interacciones que tienen lugar entre los individuos, pueden desarrollarse a modo de complejo. En los complejos están reflejadas las interacciones problemáticas y aquellas que nos dejan huella, pero además también las historias de referencia de nuestra niñez y de nuestra vida posterior, así como las emociones ligadas a todas ellas, los mecanismos defensivos de estas emociones y las expectativas creadas por ellas sobre cómo debe ser la vida.

Una interacción difícil o significativa entre dos personas en la que entran en juego las emociones pone en marcha un complejo, lo que implica que todo suceso similar será interpretado a la luz de ese complejo y además lo reforzará. Esto quiere decir que las personas aprenden que determinadas situaciones se repiten constantemente y que vienen acompañadas de las mismas emociones. En los complejos quedan reflejados los diferentes episodios de nuestra vida que se distinguen por tener una determinada emocionalidad.

En nuestros complejos no están reflejados ni los padres y su forma de comportarse real ni los hermanos tal y como eran de verdad, sino que parece ser que los complejos más bien se conforman como una confusa mezcla de lo realmente vivido, lo fantaseado, las expectativas no cumplidas, etc. Lo que se puede comprobar es que, al deshacerse los complejos, al menos parcialmente, se liberan más recuerdos y es posible acceder a una parte más grande de la propia historia vital. De esta manera también se enriquece la conciencia vital, el complejo del yo se hace más positivo y la identidad propia se experimenta como algo que tiene continuidad. La historia real de cada individuo es algo misterioso que no es posible reconstruir de verdad.

Según Jung, lo que se reconstruyen son las constelaciones de los complejos, y esto implica que, por un lado, se eleva al consciente la parte

reprimida, y por el otro, que las constelaciones de complejos se aceptan también como puntos estratégicos afectivos de la vida que provocan
y han provocado desencuentros y distanciamientos y que son la causa
de identificaciones no resueltas; pero, a la vez, estos puntos estratégicos
también han estimulado capacidades muy concretas y albergan un potencial de desarrollo que se expresa en las fantasías generadas por ellos.
Este potencial de desarrollo se hace especialmente visible en las imágenes arquetípicas que surgen cuando los aspectos importantes del complejo se elevan al consciente.

Tan importante como la reconstrucción del pasado es el análisis de
la posición de expectativa asociada a cada constelación del complejo y
que no se refiere únicamente al aquí y el ahora de la relación analítica,
sino también a las expectativas de futuro de la vida propia. Así, una frase
característica de un complejo puede destruir la credibilidad del futuro y
obstaculizar la consecución de nuevas experiencias. Una de las mujeres
a las que yo analicé formuló de la siguiente manera uno de esos elementos del complejo: «No tiene ningún sentido involucrarse, en situaciones
importantes yo me callo». Las expectativas, los anhelos, las utopías, si es
que llegan a surgir, se mueven bajo el dictado de los complejos sólo en el
marco de un pasado sólido. Pero esto significa que uno no logra encontrar el camino de su propia vida, significa que uno vive entre el pasado,
que supone una carga, y el futuro, que infunde miedo.

El concepto de complejo tiene grandes similitudes con el concepto de las «representaciones de interacciones generalizadas», las llama-
das RIG (Representations of Interactions that have been Generalized;
RIG)[31] de Daniel Stern. Stern toma como punto de partida la «memoria
episódica»[32] descrita por Tulving como el recuerdo de vivencias y experiencias reales. Esos episodios recordados pueden ser sucesos cotidianos
absolutamente banales, como el desayuno, o también pueden ser sucesos emocionalmente importantes, como nuestra reacción a la noticia del
nacimiento de un niño, etc. A través de la memoria episódica se recuer-
dan acciones, emociones, percepciones, etc., como unidades indivisibles,
aunque obviamente se focaliza en aspectos concretos, como la emoción.
Si vuelven a repetirse episodios comparables –por ejemplo, pecho, leche, saciedad–, entonces esos episodios son generalizados, es decir, que

---

31 Stern, 1992, pp. 143 ss.
32 Tulving, 1972.

el niño espera que en el futuro estos episodios se desarrollen de la misma manera. Este episodio generalizado ya ha dejado de ser un recuerdo específico, pues «contiene múltiples recuerdos específicos… representa una estructura del posible desarrollo del suceso basada en un promedio de las expectativas».[33] Naturalmente, esto también puede crear expectativas que pueden frustrarse. Según Stern, estas RIG nacen de todo tipo de interacción, son para él las unidades básicas de la representación del Sí-mismo-nuclear y transmiten al lactante el sentimiento de tener un Sí-mismo-nuclear coherente, base de la experiencia de la identidad.

Entre este concepto de las RIG y el de los complejos se puede establecer una conexión; así, la teoría de la memoria episódica supondría una manera de explicar cómo los complejos se almacenan en la memoria en forma de representaciones y también explicaría el hecho de que los complejos se constelen o se reactiven cada vez que se dan situaciones similares a las de esos episodios precipitantes y que pueden ser provocados por sensaciones vinculadas a este tipo de episodios o por emociones que los recuerden.

Sin embargo, el concepto de complejo no se referiría a todas las RIG, sino únicamente a aquellas en las que se generalizan situaciones difíciles. Además, este concepto consideraría también la experiencia de que las expectativas que proceden de recuerdos asimilados al complejo no suelen coincidir con el recuerdo de un único episodio. Los complejos no suelen surgir a partir de una única situación traumática, representan más bien una expectativa generalizada que muestra que la vivencia y el comportamiento del complejo resultan de interacciones similares que se han producido repetidamente entre el niño y sus personas de referencia. Aun cuando es importante y posible recordar episodios-complejo –por ejemplo, la imagen de un padre de mirada estricta y enorme estatura que desde su posición dominante observa a un niño pequeño que cada vez se empequeñece más y sólo quiere hundirse bajo el suelo y no se atreve a emitir ni un sonido de su oprimida garganta–, no puede afirmarse que este episodio haya sido vivido como tal; sin embargo, el episodio sigue teniendo un gran valor expresivo como imagen del complejo, como imagen de un episodio generalizado. Éste es un aspecto especialmente importante porque, a veces, de las imágenes de los complejos se deduce

---

33 Stern, 1992, p. 142.

el carácter concreto y la presencia de los padres concretos, es decir, que la imagen que procede de la fantasía es equiparada a la real de la persona en cuestión. Obviamente, estos episodios tienen algo que ver con la presencia real de los padres que se expresa en la interacción, pero no coinciden completamente. Esto es así especialmente en el caso de los «complejos maternos» y los «complejos paternos» en general, los cuales, por así decir, engloban la generalización de los episodios generalizados de la madre y lo materno y del padre y lo paterno. Sería completamente inadmisible juzgar el carácter de la mujer o del hombre en virtud de las madres y los padres de nuestros complejos –los complejos son «productos de la interacción»–, pues las mujeres no son sólo madres, ni los hombres sólo padres. Además, hay que añadir que, en cierto modo, en su interior más profundo el individuo alberga otra expectativa más: y es que para él no existe sólo la experiencia real con la madre y el padre personal, sino también la expectativa de lo materno y lo paterno arquetípico que es inherente a todo individuo; o lo que es lo mismo, que todo individuo espera recibir una determinada dosis de lo maternal y lo paternal.[34] De esta manera habría que entender la expectativa generalizada –en el sentido de un potencial de fantasía colectivo– del niño, que inicialmente no tiene nada que ver con la experiencia real de su interacción con los padres, pero que probablemente es estimulada por dicha interacción.

Otra conexión entre ambos conceptos consiste en el hecho de que los complejos pueden aparecer a lo largo de toda la vida, pero que, del mismo modo, también pueden transformarse en cada fase de la vida. Lo mismo indica Stern sobre las RIG, que según él pueden formarse en los diferentes niveles de la autopercepción y permanecer activos y en desarrollo a lo largo de toda la vida.[35] Relacionado con esto se encuentra también un argumento terapéutico que alude de nuevo a elementos comunes entre estos dos conceptos; se trata del argumento de que si estamos trabajando temas vitales relacionados con el complejo no es necesario retrotraerse a la situación precipitante, pues es suficiente con revivir un episodio que remita al complejo. Durante una terapia es posible que, por ejemplo, a través de una situación de referencia marcada por un complejo, una persona recuerde una situación infantil anterior que sintiera «de la misma manera»; con esto ya se puede trabajar, no es necesario ir a la búsqueda de la situación más antigua, ya que toda situación marcada por

34 Jung, GW 10, pp. 49 ss.
35 Stern, 1992, pp. 143 ss.

el complejo contiene en sí misma el episodio generalizado además de las percepciones y sensaciones y, sobre todo también, los afectos vinculados a él. En este contexto, para Stern es importante encontrar el «punto de partida narrativo», la metáfora clave.[36] Entiende la búsqueda del «texto original», que según la teoría debería ser invariable, como un proceso sin fin con muy pocas opciones de éxito, ya que el principal problema al que se enfrenta es lograr que los episodios preverbales se conviertan en verbales.[37]

Según la teoría de los complejos, es importante comprender los símbolos, y especialmente las interacciones simbólicas, pues los símbolos reproducen los complejos. El complejo se representa a través de imágenes clave para la vida, por ejemplo, a través de sueños e imaginaciones; las emociones ligadas a estas imágenes pueden revivirse de forma clara. De este modo, se pueden extraer conclusiones, por un lado, sobre las vivencias del niño, lo que ayuda a ponerse en su situación y entender las dificultades y las aflicciones creadas por la situación precipitante; por otro lado, también sobre el comportamiento de la persona de referencia, con la que casi siempre nos identificamos[38] cuando ya somos mayores y cuyo papel obviamente también desempeñamos; igualmente se pueden extraer conclusiones sobre la forma de interactuación dentro de la región del complejo y de los sentimientos ambivalentes relacionados. Si a través de las proyecciones simbólicas se consiguen ver y revivir los choques que dieron origen al complejo, cada vez se recordarán más episodios que contribuyeran a formarlo y a trasladar el comportamiento propio del complejo a otras personas que no son las personas de referencia originarias. Pero desde la perspectiva de la psicología junguiana, lo esencial es que estos símbolos que reproducen los complejos tienen en sí mismos un potencial de energía que se expresa en las fantasías ligadas a ellos. Los complejos se ven como algo que reprime al individuo y causa que, en situaciones que requieren una respuesta diferenciada, el individuo responda y reaccione siempre de la misma forma estereotipada; sin embargo, los complejos también contienen la semilla de nuevas opciones de vida[39] y éstas se manifiestan también a través de los símbolos que reproducen los complejos.

---

36   Ibídem, p. 364.
37   Ibídem, p. 363.
38   kast, 1990, pp. 196 ss.
39   Jung, «Generalidades sobre la teoría de los complejos» (Allgemeines zur Komplextheorie), en GW 8, § 210 (obras completas).

Todas las personas tienen complejos –aunque Jung sostiene que en realidad es al revés, que son los complejos los que *nos* tienen *a noso-tros–*;[40] al menos el libre albedrío termina allí donde comienza el ámbito del complejo, o dicho de otra manera, cuantas más emociones estén implicadas en nuestros complejos, más restringido estará nuestro libre albedrío en el momento en que tales complejos hagan su aparición.[41] Los complejos constituyen problemas vitales que también son la expresión de temas vitales centrales, son la expresión de problemas de desarrollo, los cuales son también temas de desarrollo. Es decir, que los complejos determinan nuestra disposición psíquica.

En resumen, se puede decir lo siguiente del complejo: se denomina complejo a contenidos del inconsciente, a episodios generalizados de relaciones complicadas, que están vinculados con los típicos temas y episodios de relaciones a través de la misma emoción y de un núcleo de significado común (arquetipo), y que, con límites, pueden responder los unos por los otros de forma subsidiaria.[42] Todo suceso dotado de una carga afectiva se convierte en un complejo, así, cuando se abordan temas o emociones relacionadas con el complejo, entonces se activa –la psicología junguiana utiliza aquí la expresión «se constela»– la totalidad de las conexiones inconscientes, junto con sus correspondientes emociones obtenidas a lo largo de toda la vida y junto con las estrategias defensivas estereotipadas que de ellas resultan. Cuanto más grandes sean la emoción y el campo de significados asociado a ella, más «fuerte» será el complejo, más elementos psíquicos quedarán relegados a un segundo plano, especialmente el complejo del yo. Se puede averiguar cuál es la fuerza actual de un complejo en relación con otros ya existentes y en relación con el complejo del yo mediante el experimento de la asociación, un instrumento desarrollado por Jung y que fue el que lo puso sobre la senda del concepto de complejo.[43]

Sobre el complejo del yo, Jung dijo que construía el «centro característico» de nuestra psique, pero que, no obstante, es un complejo más de entre otros complejos. «Los otros complejos aparecen asociados al complejo del yo con más o menos frecuencia y es de esta manera como se hacen conscientes».[44] El tono afectivo del complejo del yo, el sentimiento

---

40   Ibídem, § 200.
41   Ibídem.
42   *Cfr.* Kast, 1990, pp. 45 ss.
43   «Estudios experimentales sobre las asociaciones de personas sanas», en GW 2 Kast, 1980.
44   Jung, GW 8, § 582.

de sí mismo, lo entiende Jung como la expresión de todas las sensaciones físicas, pero también como la expresión de todos aquellos contenidos de la imaginación que sentimos como si pertenecieran a nuestra persona.[45] Las asociaciones ligadas al complejo del yo se mueven en torno al tema vital de la identidad, del desarrollo de la identidad y del sentimiento de sí mismo. La base de nuestra identidad es la sensación de vitalidad y también, directamente relacionada con ésta, la de la actividad egoica: se trata del sentimiento de estar vivo, que es donde radica la posibilidad de participar activamente en la vida, de producir algo o, en última instancia, de autorrealizarse. La vitalidad, la actividad egoica y la autorrealización se condicionan unas a otras. A medida que avanza el desarrollo del individuo, la autodeterminación se afianza cada vez más como parte de la actividad egoica, en detrimento de la determinación externa. El conocimiento certero de sí mismo, de la imagen que yo tengo de mí mismo, perfectamente diferenciada y delimitada de la que otros tienen de mí y asocian conmigo, también forma parte de la experiencia de la propia identidad. La condición necesaria para obtener un complejo del yo relativamente delimitado es que el complejo del yo se diferencie de los complejos paternos y maternos a la edad adecuada, para que, de esta forma, se haga cada vez más autónomo y el individuo pueda exponerse a nuevas relaciones y nuevas experiencias. Pero este desapego no sólo depende de los complejos maternos y paternos y de los padres y madres concretos, sino también de la actividad egoica o de la vitalidad del individuo. Hay niños que son suficientemente capaces de emanciparse de complejos paternos y maternos muy represivos, mientras que otros apenas pueden hacerlo de complejos menos represivos. Estas diferencias están relacionadas, entre otras cuestiones, con el factor de vitalidad, que va unido al factor de la actividad egoica.

De forma muy general se puede afirmar lo siguiente: si los complejos que se constelan en cada caso no se hacen conscientes, entonces se encuentran proyectados; si, por el contrario, el yo consigue entrar en contacto con el suceso que desemboca en el complejo, asumir la responsabilidad de éste y desarrollar empatía con esa situación, entonces a menudo se puede observar cómo los símbolos que expresan el complejo se experimentan como si fueran vividos, y en todo caso provocan reac-

---

45 Jung, *Das Ich*, en: GW 9/II, § 3 y 4. Kast, 1990, pp. 67-113.

ciones físicas que pueden ser traducidas en símbolos; es evidente que las emociones las vivimos de forma física, pero éstas también hacen referencia siempre a un sentido que permanece en un segundo plano. Si estos símbolos y las fantasías correspondientes pueden llegar a ser experimentados y estructurados, eso implica que la energía vinculada al complejo puede convertirse en una energía que da vida a todos los individuos y es capaz de iniciar nuevas formas de comportamiento.

Los complejos configuran nuestro carácter. Quien en su niñez haya disfrutado de mucha dedicación, atención, interés por todas sus manifestaciones y la protección del amor maternal estará marcado por un «complejo materno positivo originario» y éste configurará las expectativas hacia las demás personas, hacia la vida y hacia el mundo, pero también determinará en gran medida los intereses del individuo.

Aquéllos para quienes su mayor problema infantil fuera la comunicación con una madre que, por la razón que fuera, tuviera dificultades para satisfacer las necesidades de su hijo y aquellos que tampoco hayan disfrutado a través de otras personas de esa dedicación maternal sustentadora, estarán marcados por un «complejo materno negativo originario». Quien recibiera sus primeras experiencias significativas o sus primeros choques dolorosos más bien por parte del padre, dependiendo de si estas experiencias las vivieron como algo estimulante o, por el contrario, como algo represivo, estará marcado por un «complejo paterno negativo o positivo». Los complejos maternos y paternos son conceptos genéricos, pero expresan algo sobre la atmósfera que rodea a un individuo, sobre temas vitales especiales que son importantes, sobre dificultades y necesidades evolutivas típicas.

Los complejos no sólo nos marcan, se constelan, «se ponen en marcha». El complejo se constela a través de una experiencia que nos recuerda una situación propia de un complejo, a través de un sueño o de una fantasía; esto significa que reaccionamos de una manera desproporcionadamente emocional a la situación presente, tenemos una sobrerreacción, reaccionamos no sólo a la situación presente, sino a todas las situaciones de nuestra vida que son fatalmente similares a esta situación; sufrimos una distorsión de nuestra percepción, porque percibimos y excluimos de acuerdo con el complejo también lo que no forma parte del episodio del complejo. Como consecuencia de esto, adoptamos una estrategia estereotipada que supuestamente nos ayuda a comprender la situación.

En la constelación de cada complejo materno y paterno se pueden constituir diferentes modos de comportamiento que ayudan al niño concreto a establecer una atmósfera suficientemente buena con el padre o con la madre, o con la familia como un todo, o a preservarla para sí. Estos modos de comportamiento se mantienen durante la vida posterior, y en el caso de que nos hagamos conscientes de ellos, podremos decidir si queremos conservarlos o no.

En mi exposición parto de la idea de que los complejos maternos se forman antes que la relación con la madre social y los complejos paternos antes que la relación con el padre social. No obstante, hay que tener en cuenta que en estos padres y madres personales coexisten aspectos colectivos, porque ellos también quieren responder en mayor o menor medida a la imagen paterna o materna vigente en cada momento. También hay que tener en cuenta que lo paterno y lo materno se puede experimentar a través de otras personas diferentes a los padres y madres personales, o que es perfectamente posible que lo paterno, por ejemplo, sea transmitido a través de la madre. Partiendo del hecho de que en las distintas realizaciones del complejo que puedan darse entre madres, padres e hijos –por muy diferentes que puedan ser entre sí– siempre se repiten determinados aspectos en todos los complejos maternos y paternos, se puede hablar de aspectos típicos de estos complejos. Esto también está relacionado con el hecho de que entre padres e hijos pueden darse experiencias iguales que no dependen simplemente ni del comportamiento del niño ni del de la madre o del padre.

Para exponer el elemento típico de los complejos maternos y paternos describiré a base de ejemplos prácticos las diferentes atmósferas que rodean a las personas afectadas por tales realizaciones del complejo; también mencionaré algunas cuestiones sobre la génesis del complejo y posteriormente ilustraré regiones del complejo en el sentido estricto que, aunque también se mueven dentro de lo típico, añaden algunos aspectos individuales; es decir, que para cada relación concreta buscaré y mostraré realizaciones típicas del complejo tal y como repercuten en la vida presente y en las relación.

«El mundo tiene que disfrutar de alguien como yo»

El complejo materno positivo originario del hombre

omplejos que inicialmente se experimentan como algo absoluta-mente estimulante para la vida, pueden resultar represivos si no se produce la pertinente disolución de lazos afectivos a la edad adecuada. El complejo materno positivo originario puede tener reper-cusiones absolutamente «negativas». Al definir esta forma del complejo como «originariamente» positiva, estoy describiendo una realización tí-pica que básicamente puede desarrollarse de diferentes maneras.

«Esperando el gran éxito»
Balthasar

Voy a ilustrar este complejo con un ejemplo que en diferentes aspectos dibujaré más extremo y marcado para de este modo poder poner de re-lieve los matices de su carácter.

Un señor en la cuarentena al que llamaré Balthasar vino a mi con-sulta buscando terapia y lo primero que contó de sí mismo es que era un hombre muy sensual, que todo lo relacionado con los sentidos era esencial en su vida, en realidad, lo más importante. Esta afirmación ade-más la subrayó acariciando con gran sensualidad el tablero de la mesa de madera y añadiendo el comentario de que, yendo hacia allí, había pasado delante de un árbol muy interesante; este árbol lo describió de tal forma que en mi imaginación fui capaz de olerlo. Siguió comentando que le gustaba comer bien y que esto no quería cambiarlo, a pesar de que su peso –según él estaba algo gordito, lo que, dicho con suavidad, era decir poco– hiciera aconsejable que introdujera más moderación en su vida. Mientras decía esto se arrellanaba bien en su silla que apenas podía soportar su peso.

Inicialmente no estaba de acuerdo en que yo quisiera verlo en sesiones de una hora, lo que quería eran sesiones de análisis de medio día, incluso aludió a que, en caso necesario, podrían alargarse a un día entero.

Al hablar de mis honorarios, que en buena medida los cubría su seguro, defendía que la parte que le correspondiera pagar a él fuera lo más módica posible y lo justificaba con el hecho de que seguramente yo obtendría mucho de esta terapia con él, de modo que podría renunciar a algo de dinero, y que, de esta forma, él podría seguir financiándose sus largos viajes.

En este punto empecé a escucharlo con interés creciente: ¡qué complejo materno más marcado hay aquí! Mi interés lo animó a hablar más de sí mismo y de sus viajes, y sobre todo de su capacidad de disfrute. Irradiaba una personalidad con gran capacidad de disfrute, alguien que se anima cuando percibe el interés de las personas que tiene delante. Él se sentía bien, y cuando le dije que quería seguir con mis sesiones de una hora, y no de medio día, e insistí en pedir un precio que consideraba justo, reaccionó con aparente amabilidad y comprensión, pero, en el fondo, estaba molesto: «Es obvio que usted está consumida (ocupada con demasiadas responsabilidades), en esos casos a uno no le queda más remedio que coger lo que sobra. Es una pena, pues seguramente habría sido una experiencia gratificante para usted». Es significativo que para expresar lo que le molestaba eligiera metáforas del ámbito de la ingesta de alimentos.

Balthasar estaba dotado de un gran talento, pero no era capaz de sacar nada en claro de él; había comenzado a estudiar cuatro ciclos formativos diferentes, pero sólo llegó a terminar uno de ellos; era artista y siempre estaba abierto a diferentes manifestaciones y estilos artísticos; hablaba muy animado de diferentes ideas, pero no tenía ninguna obra que pudiera mostrar. Había hecho algunos «intentos», porque aún estaba por llegar el gran éxito, con toda seguridad conseguiría un gran éxito, siempre que tuviera mucha perseverancia. Con cierto desprecio hablaba de sus colegas artistas, que son «mulas de trabajo», siempre «manchando» y publicando y exponiendo esas cosas, pero no consiguen el éxito, no tienen la paciencia para esperar a obtener el éxito. «Me interesan tantas cosas que unas veces hago esto, otras aquello. Estar interesado en muchas cosas es inspirador, ¿no?». Ciertamente, al principio de la terapia conseguía contagiarme su entusiasmo cuando me contaba sus ideas; pero, con el tiempo, comprobé que no quería concentrarse en ninguno de sus talentos, estaba convencido de que tenía que llevar a la práctica todo lo que sabía hacer. Tampoco era capaz de valorar sus diferentes talentos, y las sugerencias que sus colegas le hacían al respecto las rehusaba tajantemente alegando que eran intromisiones. Sin embargo, realizaba muy pocas creaciones, tenía muy poca disciplina en el trabajo y muy poca estructura en su rutina diaria. Siempre esperaba a que la creación le surgiera desde las entrañas. Por otro lado, es verdad que tenía fuerza de voluntad, es decir, que cuando tenía una idea trabajaba en ella para llevarla a cabo, pero a menudo no iba más allá de un esquema inspirado o de unas pocas notas sobre un tema, y esto ya le parecía suficiente.

En el ámbito de las relaciones personales le costaba comprometerse. Me contó que se había casado dos veces y que las dos veces había sido abandonado poco tiempo después, que él nunca había tenido la necesidad de casarse, «pero, ya sabe, las mujeres quieren casarse, y si ellas quieren consiguen que uno lo haga…». Comprobé que él no era capaz de hacer nada contra ese tipo de personas «que saben lo que quieren». Pero también se mostraba muy exigente con sus parejas masculinas y femeninas –reconoció ser bisexual–. Las mujeres tenían que admirarlo, disfrutar de su grandiosidad, compartir con él su sensualidad, tenían que tener un punto maternal pero sin tener el aspecto de una madre, más bien «parecer lo más joven posible». Los hombres tenían que saber dominar la vida, tenían que decir qué hacer y qué dejar de hacer. Sus relaciones con hombres no duraban nunca más de tres meses porque, según él, los hombres que elegía solían resultar demasiado estructurados para él, o bien eran demasiado miedosos, demasiado precavidos, demasiado compulsivos.

Relataba que sus parejas, tanto masculinas como femeninas, le reprochaban por igual que no cumplía lo que prometía con sus formas; que la mayoría de las personas lo percibían como un hombre cálido, comprensivo, sensible, empático, bonachón y servicial, y que él era así, pero que cuando había problemas se largaba; que todo «lo que tiene que ver con las relaciones» le resultaba muy complicado y que quizás algún día apareciera la persona adecuada, con la que todo fuera más sencillo.

Decía que cuando tenía treinta y cinco años tuvo una crisis, y que por aquella época sentía algo así como «asco a la vida», estaba lleno de resignación y de dudas sobre sí mismo; entonces en su mente comenzó un desfile de parejas que giraba cada vez más rápido. Desarrolló un creciente sentimiento de rabia «contra el mundo», que no le daba lo que le correspondía. A la pregunta de qué es lo que le correspondería, declaró: «El mundo tiene que disfrutar de alguien como yo, tiene que admirarme, tiene que crear el marco para que yo pueda desarrollar mis talentos».

Estos ataques de resignación eran cada vez más frecuentes. Al principio intentó defenderse de su depresivo malhumor con el alcohol, pero cuando la cosa no hizo más que empeorar, decidió ir a una terapia. Contaba que su sentimiento vital ya no era capaz de sustentarlo, que no encontraba sentido a la vida, que tenía crisis afectivas constantes, en suma, que tenía depresión y un problema con el alcohol.

«Marcharse es pecado»
Génesis de esta realización del complejo

La mejor manera de describir la relación con la madre tal y como la mantenemos en nuestro recuerdo es por medio de imágenes y de algunos episodios típicos que seguimos recordando. A Balthasar se le ocurren muchas situaciones que puede representarse a través de imágenes, que incluso tiene presentes en todas las modalidades de la representación. Él huele, escucha, ve, pero sobre todo siente algo cada vez que cuenta sus historias.

Elijo tres imágenes:

- Se ve a sí mismo a diferentes edades en la cocina junto a su abuela y a su madre, ambas cocinando. El padre también está presente de algún modo y bebe algo. Hay muchas botellas vacías alrededor, y el ambiente es divertido, alegre y un tanto caótico. Hay muchos niños, cinco en total, Balthasar es el más pequeño de todos. También hay amigos de los niños mayores. Hace calor y el ambiente es ruidoso, huele a comida y a gente, es muy acogedor.

- Balthasar recuerda que «nunca» tuvo ropa limpia. Los niños que se sentaban junto a él en el colegio se tapaban la nariz y le preguntaban si es que su madre no sabía lavar. Él respondía que le gustaba más cocinar. Entonces se olía su propia ropa, que le parecía que olía normal. «Así olemos todos en mi casa».

- Ni él ni sus hermanos van con total regularidad al colegio. Si les critican o les dicen algo, alegan que están enfermos. Al que más critican es a su padre, porque bebe demasiado. Toda la familia piensa que cada uno puede hacer lo que quiera dentro de sus cuatro paredes; da la impresión de que el que el padre beba no les supone un problema.

La impronta del complejo materno se produce no sólo a través de la relación con la madre, sino a través de todo el «campo materno»[46], a través de todo aquello que se experimenta como materno. La madre es descrita como la persona que se ocupa sobre todo de la alimentación y que es ayudada por la abuela. La atmósfera de la cocina se describe como si se tratara también de la barriga materna, donde uno está protegido y es alimentado constantemente, donde uno se encuentra a gusto. El padre forma parte de la escena «de alguna manera», parece que no estuviera realmente presente allí, parece que toleran de buen grado su ausencia alcohólica. Así son al menos los recuerdos de Balthasar. La familia se mantiene unida frente al perverso mundo exterior que impone unas exigencias que la familia no alcanza a cumplir. La agresión se dirige hacia el exterior, agresión que también podría conducir a las separaciones necesarias y que podría posibilitar un desarrollo fuera de la atmósfera del complejo materno.

Toda la familia está marcada por un complejo materno positivo originario, evocado por madres que se ocupan del bienestar físico de sus familiares con gran pasión. Parece que siempre ha existido una gran cercanía vegetativa entre todos y cada uno de los individuos de la familia y también una gran aceptación de otros niños. A la pregunta de si recordaba alguna frase de su madre que indicara prohibición, después de una larga reflexión responde: «Marcharse es pecado». Los hermanos

---

46 Expresión acuñada por Peter Haerlin, 1987.

solventaron este problema trayendo a sus novios y novias a casa y cuando también quisieron mantener relaciones sexuales tuvieron que casarse pronto, pues así eran las cosas en los años cuarenta y cincuenta. Sin embargo, este hecho no supuso que se fueran de casa, sino que siguieron viviendo con sus padres y hermanos, aunque de vez en cuando algún yerno o alguna nuera lograron imponer su deseo de marcar sus límites.

La madre murió con sesenta y cinco años, Balthasar tenía entonces treinta y cinco. Seguramente la crisis que había mencionado también estaba relacionada con la muerte de su madre.

Al principio creyó no poder soportar la muerte de su madre. También sentía lástima por ella, porque apenas había podido disfrutar de la vida. Después pensó que, aunque el marido siempre había sido «una ruina», en cierto modo los hijos habían equilibrado la balanza.

Entonces, asombrado y a la vez complacido, se dio cuenta de que una de sus hermanas había logrado crear la misma atmósfera que su madre, y esto lo consoló. El hecho de que trasladara con tanta facilidad su complejo materno hacia su hermana podría indicar que su relación con la madre tenía un componente personal muy pequeño, que se trataba más bien de la pertenencia a esa atmósfera materna que le procuraba tanta seguridad y protección, a esa atmósfera de indistinción.

Obviamente, toda protección conlleva una restricción, y cuando un niño es consciente de ella, lo normal es que comience a desarrollar una mayor independencia; pero esto apenas se produjo en Balthasar, algo que parece una marca de la familia, teniendo en cuenta que ni siquiera la sexualidad ni el matrimonio de los hermanos los movió a abandonar la casa de los padres.

Pero éste es precisamente el problema: pues marcharse es pecado. Por eso, entre otras cosas, no se pudo desligar del complejo materno a la edad adecuada.

Con esta frase se alude, en sentido estricto, a una región dentro del complejo materno, pero es una región que podría ser muy relevante en este complejo. Esta frase –y por supuesto también todos los recuerdos, asociaciones y sentimientos asociados a ella– podría estar vinculada a la problemática central de este complejo materno.

¿Cómo experimenta hoy en día Balthasar esta frase del complejo, en qué contextos vitales aparece, qué significa? El efecto del complejo lo encontramos en las relaciones actuales, en las proyecciones, en los sueños y fantasías.

Balthasar contaba que se ofendía cada vez que alguno de sus invitados quería irse a su casa antes de tiempo. A mi pregunta de qué es lo que entendía por «antes de tiempo» dijo que «antes de tiempo quiere decir antes de que haya acabado». Entonces le pregunté si era posible que para otras personas algo «acabase» antes que para él, a lo que él me miró con sorpresa y dijo que eso era absurdo. Él interpretaba a la luz de su complejo esas situaciones en las que alguien se va sin que él le diera permiso para hacerlo: reaccionaba como si realmente lo hubieran abandonado de una manera existencialmente decisiva. En esta cuestión se identificaba con el papel que su madre siempre había desempeñado.

¿Qué es lo que le ocurre en esta situación de complejo? Cuando algún invitado se va antes de tiempo, en primer lugar piensa que ha hecho algo mal. Se le arruina su buen humor. Se siente abandonado y convertido en un ser repugnante por quienes lo han abandonado. Al día siguiente se sigue sintiendo mal, no puede trabajar, piensa en qué pudo hacer mal. Pero entonces se siente a salvo con afirmaciones del tipo: «A esta gente lo que le pasa es que le falta cultura de vida, no tiene cultura de fiesta, no sabe disfrutar…». Incluso en las devaluaciones que formula para volver a estabilizar su autoestima se aprecia la atmósfera original del complejo: él sí tiene cultura de vida, él sí tiene cultura de fiesta.

Otra forma de lidiar con esta situación es bebiendo, pasándose días enteros borracho y después depresivo. Es una reacción acomplejada ante un presunto abandono. Reacciona sintiéndose injustamente abandonado, más aún, sintiéndose traicionado.

Otra de sus reacciones acomplejadas consiste en que cuando sale con otras personas a cualquier lugar, está pendiente de que nadie «se pierda». Le molesta que sus amigos y amigas entren «indisciplinadamente» en alguna tienda y después se queden parados ante un escaparate. O lo hacen todos, o ninguno. Él está pendiente de que todos coman o beban a la hora debida, pero que no se le ocurra a alguien querer comer o beber a deshoras, pues eso va en contra de la armonía, en contra del sentimiento vital que le marcó de forma tan agradable en la cocina de su infancia. Lo que no soporta es que alguien le diga que se comporta como una gallina clueca. Esto ocurre de vez en cuando y se irrita, aunque tiene que reconocer que en eso sí se parece algo a su madre. Para él «gallina clueca» se ha ido convirtiendo en la denominación de una cualidad.

Se hace evidente que Balthasar se identifica con el papel de madre de su complejo materno; él mantiene a todos unidos, tal y como recuerda que hacía su madre. Por lo tanto, no reacciona como el niño al que entonces no dejaban marchar, sino como la madre que no permitía marchar a nadie. Mientras nadie de su entorno pretenda comportarse de forma independiente, esta forma de actuar resulta muy agradable a los demás: está pendiente, procura bienestar y alimento a la hora debida, es muy solícito. Lo único que la mayoría de las personas no entiende es su reacción acomplejada de sentirse abandonado cada vez que alguien osa rechazar sus cuidados. Él no es consciente de su reacción acomplejada, lo que dice es «Hago todo lo posible para que la gente que está a mi alrededor se sienta bien y ellos no lo aprecian y, al parecer, no soportan mi maravillosa manera de vivir». El hecho de que esté pendiente de los demás de una manera casi compulsiva y que le afecte tanto el que los demás no le dejen llevarlo a cabo como él quisiera nos muestra que se trata de un comportamiento acomplejado y no sólo de un comportamiento aprendido de la madre y, en consecuencia, adoptado.

Posiblemente esta región del complejo también se hace evidente en el hecho de que sus trabajos apenas llegan a mostrarse al público, que tiene miedo a las críticas y no llega a vender nada.

Sin embargo, dentro de esta constelación del complejo, Balthasar también puede identificarse con el papel del niño al que no le permiten marchar. Siente que sus personas de referencia ejercen una gran presión en él, se esfuerza en responder a la imagen de lo que los demás dicen que debe ser, pues no hacerlo representa para él una forma de abandono. Dado que él traslada fácilmente su complejo materno a otras personas, se ve en la necesidad de satisfacer las expectativas de mucha gente. Siempre está adaptándose a las diferentes circunstancias, o eso piensa, sin que nadie lo elogie por ello y sin que de esta manera consiga revivir la «experiencia del nosotros» que en su niñez era la recompensa al «no marcharse». En lugar de ello, se abandona a sí mismo cuando, en realidad lo que se le exige sería que fuera él mismo en esta relación, sin adaptarse.

«Muy entretenido»
El complejo materno positivo originario
en el proceso terapéutico

Al principio, Balthasar quería sesiones de un día entero, nada de horas aisladas, sino más bien mucho tiempo para poder explayarse. Por tanto, aquí se manifiesta el tema de la abundancia, que está relacionado con el complejo materno positivo originario. Posteriormente declaraba siempre al comienzo de cada sesión que quería hablar de todo, pero que tenía muy poco tiempo. Con la impresión de tener poco tiempo, a menudo ocurría que no encontraba ningún tema del que hablar, y me miraba expectante como diciendo: «¡Indique usted el tema de una vez!». Pero tenía que ser un tema muy interesante. En el momento en que yo dirigía mi interés hacia él, entonces de repente se animaba y se convertía en una persona que me resultaba realmente «muy entretenida». Probablemente él hiciera lo mismo con su madre y quizás también con su abuela, a quienes les compensaba el interés que le dedicaban siendo «muy entretenido».

Yo me enfadaba cada vez que él empleaba mucha palabrería y su gran capacidad narrativa para no decir prácticamente nada, o bien me anunciaba un problema con estilo telegráfico. Si le pedía más información o que expresara con mayor precisión sus sentimientos, él me replicaba «¿Por qué debo darle más información si usted lo entiende sin palabras?». En la relación terapéutica se estaba constelando el estilo de comunicación que predominaba en su familia, donde, o bien se contaban largas historias de forma muy entretenida pero que no contenían necesariamente mucha información, o bien se esperaba que todos entendieran las cosas «sin palabras».

De mi reacción emocional ante su actitud, de mi contratransferencia, deduje que este estilo de comunicación había provocado una gran inseguridad en el niño, y esta inseguridad, a su vez, le provocó rabia. No obstante, reprimió la rabia, pues el sentimiento de pertenencia a un grupo compensaba estos sentimientos de inseguridad así como el miedo y la rabia unidos al primero. A veces me decía que no quería trabajar de forma analítica, que quería que yo le contara algo inspirador y que, finalmente, le diera algún buen consejo para su nueva relación. En estas situaciones él estaba trasladando la cocina de su madre a la terapia: ahora debemos llevarnos bien entre nosotros y para finalizar yo podría darle algunos consejos. A mi pregunta, formulada con mucha prudencia, de cuál es la relación entre la cocina de su madre y la situación actual, él se mostró muy razonable, pero no veía por qué tenía que cambiar ya que la inspiración tenía un gran valor. Y eso es cierto desde la perspectiva de una persona con un complejo materno positivo originario. En esta situación él se encontraba en la posición del niño dentro de su complejo fundamental. Si, a su parecer, yo me pensaba durante demasiado tiempo la respuesta que le debía dar, me preguntaba que si acaso ya no le quería. Por lo tanto, el ser abandonado significaba también perder el amor de otra persona.

De los sueños le interesaba, sobre todo, su contenido utópico. Los sueños que señalaban claramente que debía asumir la responsabilidad en determinadas esferas de su vida le parecían «pedantes». Se asombraba de que su inconsciente pudiera llegar a ser tan pedante. Dos temas oníricos se repetían constantemente: «No quiero nada de aquello que podría tener. Voy en coche al centro de la ciudad y veo un posible aparcamiento, pero quiero encontrar uno mejor, pero entonces ya no encuentro ninguno. Quiero entrar en un establecimiento, pero no sé exactamente en cuál, y de pronto ya están todos cerrados. Molesto, me encojo de hombros. Así son estos molestos sueños…».

Estos sueños iban acompañados de un sentimiento atormentador. Obviamente, Balthasar había llegado a comprender que tenía que decidirse por determinadas cosas, que aunque quizás no hubiera encontrado el aparcamiento ideal, quizás se trataba de hacer del aparcamiento libre su aparcamiento ideal. Pero lo cierto es que la cuestión de tomar decisiones y, por lo tanto, de responsabilizarse de su propia vida, seguía estando trastocada por su fijación con el complejo materno.

El segundo tema onírico que se repetía era el de quedarse encerrado: «Estoy subiendo en un ascensor; en un momento dado se para, pero las puertas no se abren. Tengo miedo a quedarme sin aire. Me despierto». Estos sueños estaban acompañados del miedo a morir. Otro sueño relacionado con los anteriores y que da luz al sueño del ascensor es el siguiente: «Mi madre está sentada sobre mi pecho, es guapa y está suave y caliente. Me quedo sin aire, pero todavía aguanto».

La madre del sueño no era su madre real, se trataba sencillamente de «la madre», es decir, la representante de su complejo materno. Este complejo es el que le estaba dejando sin aire, pero todavía podía aguantar. Y no hay que olvidar que estaba suave y caliente. En esta situación, marcharse no era posible ni tampoco vital.

«Ser traicionado. Ese dolor estúpido»
La manera en que el complejo materno positivo originario se manifiesta en el ámbito de las relaciones

En realidad, Balthasar nunca se había embarcado en una relación. Siempre estaba huyendo. Una explicación habitual para ello es que el hombre con complejo materno positivo originario siempre está en busca de la diosa madre,[47] y por eso no le puede satisfacer ninguna mujer terrenal. Para mí, otro posible argumento es que las personas con complejo materno positivo originario tienen grandes dificultades para separarse. Las separaciones destruyen el sentimiento vital de pertenecer a otro y exigen que la persona se vuelva a organizar en torno a su propio *Selbst*. Pero esto significaría que habría tenido que producirse un desarrollo fuera del complejo materno, que tendría que haberse llegado a desarrollar un *Selbst* propio suficientemente autónomo. En el caso de Balthasar era evidente que la menor experiencia de separación le sumía en un estado depresivo y su autoestima se veía seriamente dañada.

Su recelo a mezclarse con otras personas también tenía su propia historia. Con diecinueve años tuvo su primera relación con una chica. Desde su punto de vista, esta relación era muy romántica, muy pasional. Tenía muchas fantasías sexuales que a la vez lo hostigaban y estimulaban y para poder hacer realidad tales fantasías quería casarse, pero como no tenía trabajo, pensaba hacer como sus hermanos y seguir viviendo en casa de sus padres. A la chica no le gustaba esa idea y le dejó claro que ella lo quería a él, no a su familia. Ella pronto empezó a sentir que la relación era demasiado agobiante, se quejaba de que «él la devoraba» y en una ocasión lo llamó «bola de sebo» –en aquella época ya estaba algo gordito–. Esto nunca se lo perdonó, lo entendió como una afronta y una traición y se sintió destrozado.

---

47   Von Franz, 1970.

Los sentimientos de amor y las fantasías sexuales ligadas a éstos son estímulos naturales propios del desarrollo que ayudan al yo a liberarse del vínculo con los complejos materno y paterno. De la mano del sentimiento de amor aparecen imágenes nuevas que estimulan la psique y así las poderosas imágenes antiguas pueden quedar relegadas a un segundo plano durante un tiempo determinado; de esta manera pueden desarrollarse nuevos aspectos de la personalidad relacionados con las nuevas emociones y las nuevas pautas de comportamiento.[48] Pero ni siquiera el ser traicionado tendría que haber tenido unas consecuencias tan catastróficas. El sentimiento de haber sido traicionado es muy importante en el proceso de individuación. Cuando nos sentimos traicionados, por el padre o la madre generalmente, nos vemos empujados hacia el aislamiento. Es una experiencia dolorosa de soledad, opuesta a la de formar parte de un grupo de personas, pero también es una situación en la que podemos sentirnos a nosotros mismos como personas individuales.[49] Está claro que Balthasar sufrió la traición por primera vez en su vida durante su relación con aquella joven, por eso la única solución para él fue la separación. Su fase de duelo o de enojo duró dos años, durante los cuales escribió varios poemas; una de esta poesías se titulaba, todavía se acordaba de ella, «Las chichas son como calamares...». Dos años después conoció a un hombre del que se enamoró un poco, pero con el que no llegó a iniciar nada. «No quiero arriesgarme más a sufrir este estúpido dolor».

Típico del complejo materno positivo original del hombre es esperar que la vida y el mundo sean como una madre que está siempre ahí y te ofrece todo, te alimenta y admira, sabe lo que es bueno para ti. Dado que las personas marcadas por la atmósfera de este complejo se aproximan a los demás con este tipo de expectativas, convencidas de que supondrán en sí mismas un enriquecimiento para su vida, la gente reacciona por lo general con más amabilidad, calidez y consentimiento de lo que harían normalmente. La propia persona y la vida como tal constituyen una unidad, así que todo es posible. Por eso es difícil tener que sacrificar algo cuando uno considera que, en realidad, puede tenerlo todo. De esta forma, la problemática consiste en que estas personas buscan una pareja, hombre o mujer, que satisfaga todos sus deseos. Siempre les ronda la callada preocupación de que la pareja actual les impida encontrar a la que pudiera ser su auténtica pareja ideal y esto los inquieta y les provoca

48   Kast, en: Pflüger 1988, p. 34.
49   Hillmann, 1979, pp. 81 ss.

inseguridad en sus relaciones. Como además no desarrollan la capacidad de decisión, mientras el complejo del yo esté identificado con el complejo materno, estas personas, más que elegir ellas mismas, serán elegidas por otros.

Otra razón por la que a Balthasar no le duraban mucho sus relaciones era su deseo inconsciente de ser amado y tolerado incondicionalmente, sin que él tuviera que poner de su parte necesariamente lo mismo o algo similar. Este comportamiento suyo, que algunas de sus parejas masculinas describían como francamente «infantil» –lo cual indignaba a Balthasar– es también una consecuencia del complejo materno positivo original: simplemente está permitido disfrutar del amor con el que la vida le favorece en abundancia y también en exceso. Ésta es la parte positiva de este complejo. La parte problemática de todo esto es el hecho de que el amor unilateral se extingue cuando ocurre que es siempre la misma persona de la pareja la que se deja mimar.

Una cosa es evidente: este complejo materno positivo original se convirtió en una cárcel para Balthasar, lo que también se hizo perceptible en los sueños. Visto en imágenes, se tiene la sensación de que él vive en una comodísima barriga materna ampliada, la cual, no obstante, pierde gran parte de su atractivo porque él no puede ser abandonado o no tiene permitido ser abandonado.

El cometido de una madre no es sólo dejar que el niño crezca en su útero, sino también expulsarlo cuando llegue la hora. Esta expulsión en el momento adecuado es también un impulso materno primitivo de carácter vital. Una buena madre debería procurar el sentimiento vital de estar contenido, de estar alimentado, de estar protegido, pero también el de ser expulsado en el momento adecuado. La cuestión de ser expulsado y lanzado hacia la vida propia de uno mismo, a su propia responsabilidad, está ausente en este complejo materno positivo original, por eso a una edad tardía se convierte en un complejo materno negativo. La madre vital del complejo materno, que representa la posibilidad de vivir, esperar y disfrutar de la plenitud de la vida –en todas las esferas posibles–, que transmite el sentimiento vital de que la vida es rica y que uno es sostenido por ella, se convierte en una madre que protege casi «hasta la muerte». Pero esa plenitud no puede ser aprovechada y se convierte en un despilfarro de las propias fuerzas que se hace prácticamente insoportable, el disfrute se convierte, por tanto, en una trampa, porque disfrutar pasa a ser la única opción posible y el sentimiento de ser sostenido se transforma en un sentimiento de estar encerrado.

En otras palabras: si el sentimiento de ser expulsado del «paraíso materno» no se puede experimentar como algo que ciertamente es doloroso pero que a la vez provoca una nueva apertura, la cual posibilita vivir una vida propia, y además este hecho impide que se produzcan separaciones, entonces la muerte no se reconoce como una realidad, y, en consecuencia, la vida se hace muerte. Si hay que formular una meta terapéutica general para Balthasar, sería ésta: Balthasar tiene que nacer. Con estas palabras hago referencia a la frase de Erich Fromm: «La mayoría de los hombres mueren antes de haber nacido completamente».[50]

Balthasar puede llegar a alcanzar esta meta si se abre a la relación analítica. Y lo intentó, estaba preparado para hacerlo. Si se trabajan las diferentes constelaciones del complejo,[51] la meta general se puede alcanzar. No obstante, sería de gran importancia formular y elevar al consciente los valores en los que se sustenta cada constelación del complejo. Sería impensable trabajar con esta persona sin intercambiar de vez en cuando utopías asombrosas, sin escuchar de vez en cuando historias inspiradoras e inspiradas.

---

50 Fromm, 1959, p. 406, § 53.
51 Más información sobre la técnica de trabajo en complejos y con ellos, *cfr.* Kast, 1990, pp. 179 ss.

«En la vida se puede soportar prácticamente todo si se ha comido bien»

El complejo materno positivo originario en las mujeres

Balthasar tenía una hermana a la que trasladaba con gran facilidad su complejo materno. Hablaba mucho de ella y la conocí mejor cuando fue necesario buscarle terapeuta también a ella. De esta forma se dio la oportunidad de comparar el complejo materno positivo original en el hombre y en la mujer, evocado por la misma madre y por el mismo padre e incluso por el mismo ámbito materno. La hermana de Balthasar tenía tres años más que él.

Durante la terapia, Balthasar se preguntaba una y otra vez a sí mismo y también a mí que por qué su hermana lo tenía más fácil que él, habiendo crecido los dos en la misma cocina y habiendo tenido la misma estructura de complejo. Pero en realidad esto no es necesariamente así; sería perfectamente asumible pensar que la hermana hubiera tenido una relación más marcada con la abuela y que su relación con el padre hubiera sido diferente a la de él. Sin embargo, el hecho de que Balthasar trasladara su complejo materno hacia su hermana con tal facilidad permite plantearnos la hipótesis de que ambos estuvieran marcados por realizaciones similares del complejo. Según las declaraciones de Balthasar, ella lo tenía más fácil porque estaba más satisfecha, tenía una familia con marido y cinco hijos, no sufría depresiones ni caídas en el alcohol. La hipótesis de Balthasar era que para las mujeres alcanzar su desarrollo personal es más fácil si no tienen que deshacerse de un complejo materno positivo original.

Él no es el único que considera esta hipótesis. En este contexto es necesario referirse a las teorías de Nancy Chodorow,[52] que se plantea la cuestión del desarrollo de la identidad en hombres y mujeres. Su planteamiento fundamental es que las niñas adquieren los fundamentos de su propia identidad identificándose con la madre, pero que los niños, por el contrario, tienen que desarrollar su identidad enfrentándose a la su madre. Los jóvenes tienen que diferenciarse de su madre, separarse, colocarse en una posición enfrentada para poder identificarse como hombres. Chodorow también piensa que el enorme peso que tiene la rivalidad entre los hombres sigue estando relacionado con la búsqueda y la adquisición de la personalidad. Y, en relación al complejo materno positivo original, esto significaría que el hombre que no consigue desligarse de él a la edad adecuada sufriría un trastorno de identidad y, en consecuencia, un yo poco coherente, por lo tanto, sería un hombre con una especial predisposición a padecer trastornos psíquicos en cualquier ámbito. En esta misma situación, la mujer mantendría la base de su identidad, por lo que se vería menos perjudicada en la experiencia de su identidad. No obstante, sería una mujer dependiente de su madre, por lo que sería una persona inmadura.

«¿Dónde queda el agradecimiento?»
Bárbara

La hermana, a quien llamaré Bárbara, tenía un brote depresivo y por eso buscaba a un terapeuta, éste tenía que ser versado tanto en terapia de análisis como en terapia corporal, en la terapia conductual y en el ámbito de las terapias espirituales. Y esta demanda tan exigente la formulaba un poco como si se tratara de algo completamente natural. Así que le pedí a Balthasar que me hablara de ella.

Así, me contó que la vida de la familia de Bárbara transcurría en una cocina que también hacía las veces de comedor, pero tenían una casa grande. La atmósfera que allí se vivía era comparable a la que reinaba en la cocina de su madre, aunque todo estaba más limpio y ordenado. Decía que a su hermana le gustaba cocinar y lo hacía bien, que estaba algo gordita, pero que eso nunca le había importado, sin embargo ahora, de pronto, sufría por su gordura. Contaba que los demás hermanos la iban

---

52 Chodorow, 1985, pp. 248 ss.

a ver a menudo y que su casa parecía ser el punto de encuentro de todos ellos; que en Navidades podían juntarse fácilmente hasta cuarenta personas en su cocina, pensada en realidad para diez, y que aun así se estaba muy a gusto, era un ambiente íntimo y agradable. Contaba que al marido de su hermana también le gustaba este ambiente, que es una persona a la que también le gusta disfrutar de la vida, un hombre más bien callado, aunque, decía, a veces también sabe imponer su autoridad, es jardinero y está satisfecho con su trabajo. Esto le sorprende a Balthasar, ya que él no es capaz de «encontrar su sitio» en el terreno profesional.

Bárbara parece depender por completo de su marido. Frases del tipo: «Primero tenemos que preguntar a papá», «Papá ya lo pondrá todo en orden otra vez», «Esperad hasta que venga papá», parecen ser muy habituales. Al llamar a su marido «papá», está expresando que ella se ve a sí misma como una hija y de esta forma se pone al mismo nivel que sus hijos.

Lo que desencadenó la depresión fue la independización algo precipitada de los hijos, que se fueron a vivir juntos a un piso. Fue el padre quien provocó este éxodo al comunicar a su hijo de veinticuatro años que a su edad uno ya no tiene que vivir en casa de los padres. Ante esta cruel actuación del padre, todos los hijos, menos el pequeño, abandonaron la casa familiar y se fueron a compartir un piso juntos. Balthasar califica a sus sobrinos de interesantes y con mucho talento, pero también de un tanto desalmados. No puede aprobar que se hayan ido todos de casa. Dice que puede entender intelectualmente la intervención de su cuñado, pero que lo podría haber hecho «algo más tarde y con más tacto».

Es interesante el hecho de que estos jóvenes sean capaces de reproducir en su comunidad fraternal la atmósfera característica de su complejo materno positivo con tanta efectividad como para abandonar la cocina de su hogar. No obstante, fue necesario que su padre los empujara a hacerlo.

Bárbara reaccionó a este abandono con una fuerte depresión. Duerme mal, no se queda dormida, se despierta en seguida, está hecha polvo, no puede ni levantarse. Dice que la vida ya no tiene sentido, se siente vacía y sola. Lamenta no tener un hijo más pequeño, fruto del típico «descuido», a quien mimar de verdad.

Bárbara parece identificarse con su madre: tiene el mismo número de hijos que su madre y se esfuerza por crear una atmósfera similar en torno a su cocina. Ésta es una buena forma de vida para una mujer, siempre que comparta la misma manera de concebir la vida femenina que su madre. Por esta razón se entiende que su hermano sintiera envidia de ella. El hecho de que reaccionara de tal forma a la separación de sus hijos adolescentes podría indicar que sigue identificándose con el papel de madre del complejo materno positivo original y que ahora habría llegado el momento de desarrollar su personalidad fuera de este complejo. Bárbara no se identifica con el papel de su madre como esposa; mientras que su madre se casó con un hombre que tenía problemas con el alcohol, ella lo hizo con un marido-padre maternal. Ella había vivido la experiencia de un padre demasiado poco paternal, pero sí había logrado casarse con un hombre que sabe manejarse bien con lo femenino. Aunque quizás su cuñado lo idealice demasiado, el marido es una persona que sabe ganarse la vida cultivando la naturaleza y el ayudar a la naturaleza en su crecimiento tiene algo de maternal. No obstante, también se esfuerza en poner orden y lo hace en el jardín y en la cocina. No asusta a los demás exigiendo demasiada estructuración, pero sí suaviza la situación al insistir en un mínimo de orden. Se impone la hipótesis de que este hombre está marcado por un gran equilibrio entre el complejo materno y el paterno, y que tiene una especial predilección por la atmósfera del complejo materno positivo, que no lo amedranta.

Por lo tanto, Bárbara fue capaz de encontrar a una pareja que no sólo sabía cómo soportar su sistema del complejo, sino que además lo completaba. No obstante, Bárbara no era exactamente como su madre, pues según afirmaba Balthasar, los niños tenían que comportarse de forma autónoma, y a la vez mantenerse pegados a su falda. Ésta fue su reacción al hecho de que su madre, según ella, les hubiera coartado su autonomía en exceso cuando eran pequeños. Sin embargo, Bárbara hacía lo mismo que su madre, en cuanto que para ella la alimentación también era muy importante, su principio fundamental era que «se puede soportar prácticamente todo en la vida cuando se ha comido bien» o que «primero hay que poner una buena base», y esto significaba que una buena comida era la base fundamental para todo lo demás. Al igual que su madre, ella también sabe crear una atmósfera erótica y sensual a su alrededor, y también le cuesta mucho separarse. Su depresión tras el precipitado abandono de sus hijos –parecía precipitado porque por haber sido aplazado demasiado tiempo tuvo lugar de forma repentina– podría indicar que para ella también «marcharse es pecado», aunque quizás de una manera menos evidente que en el caso de su madre.

Es fácil de entender que reaccionara con una depresión: hasta ese momento Bárbara había construido su propia identidad a partir de su identificación con el papel materno del complejo materno positivo original. Prácticamente había vivido ya una forma arquetípica de la maternidad. Seguramente que ya se habría planteado en alguna ocasión la cuestión de su propia identidad más allá del mero cumplimiento de ese papel de madre, pero obviamente no con una urgencia imperiosa. Pero ahora sí se cuestiona su propia entidad como *Self* y de forma inaplazable. La depresión fuerza a sacar a la luz a su propia entidad como *Self*. Se queja de que «durante toda su vida» ha estado dando de comer a bocas hambrientas, pero ¿dónde está el agradecimiento?, se queja de que la han abandonado sin más. Estas frases son propias de personas con una estructura depresiva. Sin embargo, no tiene el sentimiento vital de estar encerrada, no se siente atada; lo que sí tiene es la sensación de estar en un «punto cero», de tener que empezar de nuevo. Tiene que dejar de ser madre. También tiene que crear una nueva relación con su marido. Éste, cuando ella le reprendió por la observación que había hecho al hijo mayor, había manifestado que quería disfrutar de la vida con ella y vivir con ella sin hijos. Es obvio que él tiene la necesidad de ser pareja, no sólo padre.

Al comparar a ambos hermanos, llama la atención que Bárbara, en efecto, ha llevado una vida mucho más satisfactoria que su hermano. No obstante, ella tampoco ha puesto en práctica muchas de sus capacidades, aunque se decidió, por así decir, por su «destino natural».

«De alguna manera todo se irá arreglando»

Agnes

Una mujer de cuarenta años llega a terapia porque su marido quiere separarse de ella. Aún está casada, pero ella tiene otra relación desde hace unos ocho años. Su marido consideró durante mucho tiempo que se trataba de una amistad platónica, pero cuando descubre que estaba equivocado decide separarse de su mujer. El matrimonio tiene dos hijos. La mujer, a la que llamaré Agnes, tiene estudios universitarios y trabaja en su especialidad.

Agnes va vestida como una muñeca, allí donde es posible poner un lacito, lleva uno puesto. Habla con una voz cantarina que recuerda a la de una niña pequeña, también es cierto que habla un dialecto que en sí mismo resulta algo cantarín, no obstante, su cadencia resulta llamativa. La mujer tiene un aspecto algo aniñado, parece caprichosa, amable y cariñosa. Da la impresión de ser una niña buena y fácil de asombrar. Con ojos temerosos, me cuenta que su marido tiene ataques de odio y que ella no lo entiende, que nunca ha pretendido hacer daño a nadie y sus intenciones son buenas, ¿por qué ahora este odio repentino?

Según dice ella, su marido es más bien maternal y algo artificial. La llama constantemente «mi niña encantadora». Antes le gustaba ese apelativo cariñoso, pero ahora le resulta anticuado.

El hombre que conoció hace nueve años y con el que mantiene una relación la ve como una mujer y no tanto como una niña. También es una persona sensible pero no tan maternal, se comporta más como un compañero, le plantea más retos. No quiere renunciar a ninguno de los dos, ama a los dos y considera que ninguno de ellos tendría por qué importunar al otro. Además, disfruta mucho con el estrecho contacto que mantiene con amigos de su difunta madre. También tiene una buena amiga íntima con la que pasa mucho tiempo y que ocupa un lugar importante en su vida. Agnes invierte mucho tiempo y mucha energía en sus relaciones. Es una persona que sabe disfrutar, pero obtiene más disfrute de relaciones con otras personas y de los estímulos que surgen de estas relaciones, no tanto con la comida. No acepta en absoluto que en el marco de sus relaciones con otras personas una cosa tenga que excluir otra. Según ella, el único que piensa que esto no puede seguir así es su marido; ella, en cambio, no ve ningún motivo para tomar ninguna decisión, no suele tomarlas casi nunca y, de hacerlo, sólo en el ámbito laboral y cuando es absolutamente ineludible; dice que su marido la ha criticado a veces por este motivo y que en esas ocasiones se enfadaba.

Tras muchas discusiones, él la dejó y ahora ella se asombra de que de pronto esté sola con sus dos hijos y de la cantidad de tareas que tendrá que solucionar justo ahora que tiene que hacerlo todo sola. Ahora se está dando cuenta de que ha gastado el dinero sin mucho control, pero considera que al fin y al cabo el dinero tiene que estar en circulación, que es como resulta más útil. Hasta este momento, el único que sabía cuánto dinero ganaba era su marido, ella siempre lo olvidaba. También se está dando cuenta ahora de que no sabe educar, dice de sí misma que es como si fuera una tercera hija que tuviera que cuidar de los otros dos, pero añade que «de alguna manera todo se irá arreglando». Escuchando todo esto me empiezan a asaltar todo tipo de dudas, pero ella está tan convencida de que de alguna manera todo se irá arreglando, que incluso consigue convencerme.

A Agnes le interesa mucho el arte. La literatura y las artes escénicas la estimulan. Es capaz de hablar entusiasmada largo y tendido de obras de arte; con frecuencia pone en relación sus propias imágenes oníricas con imágenes procedentes del arte y es feliz cuando ve que sus imágenes oníricas tienen conexión con imágenes pintadas por artistas. Entiende que hay una cierta conexión y emoción internas entre todas las cosas que existen en el mundo. Se siente parte de un gran todo y le interesa conocer cómo ella, que sólo es una parte, influye en el gran todo. Es una gran soñadora y es capaz de entender y describir con asombrosa facilidad el mundo de su imaginación. Conoce bien su inconsciente, tiene también una gran sensibilidad con la gente y se interesa por lo espiritual. La atmósfera que transmite es la de que la vida está ahí para atraparla. Hay de todo en abundancia, por eso no tiene sentido esforzarse demasiado, pues podríamos no darnos cuenta de que las cosas vienen a nuestro encuentro. Ella no quiere renunciar a nada, no quiere decidirse por nada, quiere disfrutar. Proyecta hacia el mundo y hacia la vida la «Gran Madre» buena y se asombra cuando la gente no se comporta con arreglo a esas expectativas suyas originadas por el complejo. Sigue siendo llamativamente inocente para su edad y a veces me pregunto si de verdad ha vivido en este mundo. Nunca piensa nada malo, ni quiere nada malo, no tiene ninguna sombra, es decir, que sabe sorprendentemente poco de su sombra.

A vece le molesta que otros pretendan «tenerla bajo su tutela». Obviamente sí que es tutelada puesto que se deja mimar y los mimos suelen estar unidos a unas ciertas reglas. Sin embargo, no menciona ese problema. Su trabajo no es problemático para ella. Trabaja desde hace trece años en el mismo puesto y casi siempre le resulta interesante.

¿Cómo ha llegado a ser lo que es? Se casó con veinticinco años, que es lo que su madre esperaba que hiciera. Había encontrado lo que necesitaba, un hombre maternal que a la vez era capaz de dar una estructura a su vida. Él siempre se encargó de tomar las decisiones. Entonces apareció su amigo: encontró en la vida algo más de lo que podía necesitar. Visto desde fuera, esta otra relación tiene sentido: si con su marido ella estaba en la situación de hija y su marido era a todas luces un padre maternal, con su otro amigo su papel era el de pareja. Esta amistad podría indicar que Agnes sí se había desarrollado fuera del complejo materno y paterno. También parece que ha llegado el momento para ella de tomar una decisión a favor o en contra de algo. El que ya no pueda seguir eludiendo la toma de una decisión hace que se sienta desamparada. «Tengo que tener cuidado de no caer en un agujero». Para evitar caer en un agujero va a conferencias o se relaciona con gente con la que puede tener conversaciones estimulantes e inspiradoras. En esa situación podría deprimirse, podría caer en un agujero, algo que entiende como un estado de aburrimiento y de no saber cómo afrontar la vida, pero también lo entiende como un estado en el que puede perder su confianza en la vida. Pero ella no cae en un agujero, puede dejarse inspirar y entonces se vuelve a sentir con vida, se vuelve a sentir bien.

«Mientras seas pequeña»
La génesis de esta realización del complejo

Los padres de Agnes se divorciaron cuando tenía cuatro años. Desde entonces, el padre se convirtió en una persona poco importante y murió pronto. Agnes no vivió de forma consciente la muerte de su padre.

Lo que más recuerda es el estar junto a su madre, quien la protegía con mucho amor y era tierna y cariñosa. De su madre obtuvo todo, estaba bien alimentada física y psíquicamente. Cuenta que la madre tuvo varias parejas, pero que ella nunca se sintió excluida; ahora, tiempo después, cree que cada vez que hubieran tenido relaciones íntimas obviamente a ella la habrían mantenido al margen, pero que en todo caso ella nunca se dio cuenta de la situación. También cuenta que si en la guardería los demás niños hablaban de su padre y aludían a su ausencia, ella respondía con orgullo «Pero mi madre y yo tenemos amigos», un signo inequívoco de lo cercana que era la relación con su madre.

Recuerda una imagen: ella sentada en el regazo de su madre a la edad de seis o siete años. La madre le está leyendo algo, están muy juntas y Agnes oye el latido del corazón de su madre. Le pregunta a su madre: «¿Oyes tú también el latido de mi corazón?». Ve con toda claridad esta imagen en su mente, incluso puede percibir el olor de su madre y ve un haz de luz sobe cada una de ellas, como si las iluminara un foco. Sin embargo, es consciente de que nunca han tenido ese tipo de focos, sino lámparas normales. Por lo tanto, esa imagen del foco iluminándolas enfatiza la estrecha relación que existía entre ambas y pone esta cuestión en un lugar central. Continúa contando que seguía sentándose sobre el regazo de su madre cuando ya era demasiado grande y pesaba demasiado para hacerlo y que, más tarde, era ella quien a veces cogía a su madre sobre su regazo. Su madre siempre estaba inventando historias, era una mujer que sabía bien cómo entretener a su hija. Por otro lado, a la hija nunca se le ocurrió cuestionarse o frustrar este plan.

Su madre murió hace tres años. Justo después de su muerte, Agnes se sentía destrozada, no entendía por qué no había muerto con ella. Entonces empezó a ver a su madre en los sueños, lo cual era para ella una señal clara de que su madre seguía viva, aunque en el más allá. Decía que la estricta separación entre este mundo y el otro no era necesaria, que eso era propio del pensamiento patriarcal y que ella, como mujer, no iba a seguir el juego.

Lo que Agnes experimentó es muy típico: los muertos pueden aparecer en los sueños casi como si fueran personas vivas, aunque suelen estar algo cambiados, generalmente más jóvenes. Estos sueños se suelen entender como señal de que la persona fallecida sigue viviendo en cierto modo y al principio muchos intentan establecer una relación con el más allá. Pero en el transcurso del proceso del duelo se hace evidente que esos fallecidos que aparecen en los sueños hay que interpretarlos como figuras interiores.[53]

Sin embargo, Agnes se negaba a creerlo. Vivía una simbiosis en el más allá con su madre fallecida. Ni siquiera la muerte conlleva una separación. «Los muertos viven con nosotros y desde el más allá mi madre puede cuidar mejor de mí». Durante el proceso de separación de su marido, el duelo por su madre fallecida se hizo presente, convirtiéndose en un problema serio que ya no podía seguir evitando.

Fue muy difícil para Agnes encontrar frases que hubieran indicado la presencia de un conflicto con su madre. Simplemente no había ninguna. Las encontramos en el mundo laboral. De esta forma, explica que, por regla general, deja que los demás decidan por ella, pero que últimamente le llama la atención que las soluciones que le proponen sus colegas no son realmente buenas, sino que son las más provechosas para ellos mismos. Antes, los compañeros estaban más pendientes de «la pequeña», ése era su mote cariñoso y no exento de ironía entre el círculo de los colegas. De este episodio hemos obtenido una frase del complejo: «Mientras seas la pequeña, estarás bien». Esta frase implica que no puede hacerse «grande» y, obviamente, también que no puede marcharse. Agnes está atada a su papel de hija; incluso en el trato con sus hijos, cuando tendría que desempeñar el papel de madre, sigue manteniendo su papel de hija. Esto llega a tal punto que deja que su hijo la maneje; por su parte, la hija, que se da cuenta de ello, se enfada, recordando así a la madre su obligación de emanciparse.

Si la frase del complejo «Mientras seas pequeña, estarás bien» estuvo presente en su juventud, esto quiere decir que esa frase impidió que se desarrollara fuera de su papel de hija, y por lo tanto se plantea la cuestión de cómo experimentó la madre de Agnes la boda de su hija. ¿Acaso no supuso marcharse de casa? Agnes lo niega y, encogiéndose de hombros, dice: «Simplemente nos casamos». Lo que yo entendí es que ella se había casado con su marido, pero lo que quería decir es que en realidad se casaron los tres. Relata que la relación con su madre no cambió a pesar del

---

53   Kast 1982, pp. 67 ss.

matrimonio, que su madre y su marido se llevaban muy bien. Es decir, que pudo casarse y seguir siendo a la vez la hija de su madre.

Agnes es una paciente extraordinariamente amable, aporta un material muy interesante para el análisis que además puede trasladar muy fácilmente a su vida cotidiana; sin embargo, está mucho más interesada en la dimensión «eterna» de sus sueños. Desempeña el papel de la hija a la que le gusta aprender y se muestra muy interesada. A menudo me doy cuenta de que lo que me provoca es decir con energía y decisión «Ahora tiene que pasar esto y esto». Obviamente no lo hago, pues me escucharía atónita y seguramente no sabría cómo entender mi fuerte descarga de energía. En ocasiones experimento a través de mis sentimientos su sombra escindida. En estas ocasiones me cuesta mucho esfuerzo dejar estar su mundo de color de rosa en toda su legitimidad, y me enfado por su agresión pasiva. Le explico lo que ocurre en nuestra relación: mi enfado sirve para moverla interiormente. Ella entiende la interacción que le explico, le gustaría cambiar y ser más decidida, sentir su ira por su propio bien, pero también por hacerme un favor a mí.

Hacemos una terapia de duelo. Intento que traiga a su memoria la relación con su madre y con su marido y le hago ver que en ambos casos ha habido un cambio fundamental. Para ello, sus sueños son de gran ayuda; entre ellos también hay algunos que están menos relacionados con su duelo. A menudo sueña con casas, por ejemplo, sueña que tiene que buscar una casa en la que le gustaría vivir, pero le resulta difícil decidirse. Suele ocurrir que en esas casas viven mujeres de su misma edad pero que son «más maduras» que ella, mujeres a las que no conoce pero le gustaría conocer. Estas mujeres desconocidas, enigmáticas y fascinantes, representan partes fascinantes de su ánima que trasladan a la soñadora un claro impulso evolutivo y la liberan de la fascinación por la madre con promesas de una nueva fascinación. A veces en sus sueños se despierta con una sacudida. Tiene que buscar su propia casa, su espacio vital propio y también su propio refugio, para ello tiene que despertar, dejar sitio en su psique a sus fascinantes partes femeninas y conocerlas. En esta mujer se observa de forma clara cómo a través de su psique encuentra el camino para poder desligarse de su madre: ánima y ánimus nos ayudan a desligarnos de nuestros complejos paternos y maternos. En este caso, en las improntas del complejo y en las subsiguientes constelaciones del complejo de la vida cotidiana, lo que se acentúa no es el aspecto laboral, sino la asunción de nuevos impulsos provenientes de la psique, lo cual casi siempre va acompañado de un sentimiento de dejarse atrapar por la fascinación.[54]

Pérdida y separación no previstas
Comparación del efecto de ambas
realizaciones/improntas del complejo

Durante una determinada fase de su vida, Bárbara y Agnes de distinguen por poseer una gran seguridad en su identidad como mujeres, lo que les proporciona un buen concepto de sí mismas y les transmite el sentimiento de estar «correctamente» en una vida rica de la que pueden disfrutar a su manera. Ambas tienen relaciones plenamente satisfactorias hasta que las separaciones son inevitables, separaciones de unas personas significativas para ellas. Lo que ocurre es que una separación nunca implica únicamente desligarse de las personas en sí, sino que en estas situaciones también se hace necesario definir de nuevo nuestra identidad; tenemos que reorganizarnos de nuevo desde nuestro *Selbst* de la relación a un *Selbst* más individual, y esto quiere decir que casi siempre tenemos que llevar a cabo un auténtico desapego, y no sólo de las personas de las que nos separamos, sino también de los complejos maternos y paternos o de los preceptos colectivos con respecto a los diferentes papeles.

Bárbara está claramente identificada con la posición de madre de su complejo materno positivo originario, pero en la relación que tiene con su marido desempeña el papel de hija. En cambio Agnes, quien «entre otras cosas» y como si fuera la mayor de las obviedades, también ha sido madre, se mantiene en su papel de hija de forma mucho más evidente. Ella, además de su papel de madre, mantiene también otras esferas vitales que desea realizar y a las que no está dispuesta a renunciar, y, en este sentido, el papel de hija permite más opciones que el de madre; no obstante, seguramente la madre de Agnes también supo desarrollar en su hija más esferas vitales que la madre de Bárbara.

Al describir el ánima, en la literatura siempre se habla de cuatro tipos de mujeres: Eva, Helena, María y Sofía, pero obviamente ninguna mujer

---

54 Kast, 1993.

se corresponde plenamente con ninguno de estos tipos. Sin embargo, se puede decir que la madre de Bárbara tuvo que ser más bien del «tipo Eva», mientras que la madre de Agnes tenía un poco de Helena, un poco de María y un poco de Sofía. Por otro lado, la madre de Agnes estaba más claramente marcada por un complejo paterno que la madre de Bárbara. Ambas mujeres tienen tendencia a reaccionar a las pérdidas deprimiéndose, con la diferencia de que Agnes dispone de una habilidad considerable para crearse su propio bienestar. Es como si contara con una gran capacidad maternal, experimentada a través de su madre, que ha transformado e integrado para sí misma. No es sólo que Agnes tenga los mismos intereses que su madre, sino que ella ha cultivado sus intereses mucho más de lo que lo hizo su madre. El estímulo lo impulsó la madre, y este estímulo unido a esa buena atmósfera maternal fue el garante de la reconstrucción de una buena atmósfera vital en los malos tiempos. La cuestión es que como este estímulo estaba marcado por el complejo, había en él una cierta presión, pero era una forma amable de presión que tenía efectos muy positivos para Agnes, ya que no le exigía nada que no fuera afín a su personalidad. Ciertamente, es un rasgo característico de esas madres capaces de despertar un complejo materno positivo el hecho de que, al menos durante la primera fase de desarrollo del niño, no le obliguen a nada que no sea intrínseco a él. En el caso de Agnes es llamativa la profunda disociación de su sombra, lo cual resulta aún más extraño teniendo en cuenta que es una mujer leída y con conocimientos sobre dicho concepto; pero lo cierto es que esta mujer, confusa, reconoce no percibir apenas su sombra. Sin embargo, en su disociación ella no aparece como la buena y los demás como los malos. Esto es al menos lo que se deduce de su forma de comportarse en sus relaciones, pero su actitud, marcada por el complejo materno originario positivo, es la de una persona bondadosa y asegura no querer ningún mal a nadie, al menos intencionadamente.

«*Vivir y dejar vivir*»
Lo típico del complejo materno positivo originario

Ya se habrá podido comprobar qué es lo que dificulta poner de relieve las características típicas de este complejo materno positivo originario. Por un lado, estos complejos no sólo se han originado en consonancia con la madre, sino también en relación a diferentes personas de referencia; pero incluso cuando la principal persona de referencia haya sido la madre y sólo hayan participado unas pocas personas más en la creación del complejo, la cuestión es que hay muchas madres diferentes con sus correspondientes constelaciones del complejo. En el caso de la madre de Balthasar se puede hablar de una madre que seguramente también estaba marcada por un complejo materno positivo originario. Sabemos que ella centraba su atención en la alimentación y la creación de una atmósfera de calidez y protección. Otras madres, como la de Agnes, crean una atmósfera de protección contando historias; para otras, en cambio, su principal forma de relacionarse se basa en la esfera de la creatividad. Pero estas madres, cada una en los diferentes ámbitos vitales que para ella son importantes y que son expresión de su propia realización del complejo, consiguen siempre crear esa sensación del nosotros, la sensación de protección y seguridad; consiguen transmitir al niño que es alguien importante y trascendental; y, de esta manera, también pueden transmitir al niño que la vida es rica, que es plena, pueden hacerle sentir la abundancia y la vitalidad de la vida. En la medida en que estas mujeres hayan aprendido a gestionar la separación, el dejar marchar, también tendrán la posibilidad de dar a sus hijos el impulso necesario para expulsarlos a la edad pertinente. En este caso, sus hijos ya no tendrán que tratar sólo con un complejo materno positivo originario, sino con un complejo materno positivo que también les permite desligarse a la edad adecuada.[55]

---

55 *Cfr.* Kast, 1990, pp. 74 ss.

Otra dificultad para poner de relieve lo típico del complejo materno positivo originario se encuentra en el hecho de que las mujeres no son las únicas que influyen en la formación del complejo materno, pues también existe algo así como un espacio materno, un espacio vital en el que lo maternal está presente y se puede experimentar. En esa categoría están las plantas, los animales o el espacio que nos rodea. En todo caso, es muy fácil trasladar el espacio materno al espacio vital como tal. Sin embargo, tengo la impresión de que el complejo materno positivo originario se forma también a través de la interacción con la naturaleza y con las cosas.[56] También forman parte de ese espacio materno algunas personas, la atmósfera en la que uno se cría, el padre, los hermanos y hermanas, los abuelos, o simplemente personas con las que uno se encuentra en la vida. De esta manera, Mechthild Papousek subraya que, al menos con los métodos actuales de la investigación pediátrica, apenas se pueden constatar diferencias hoy en día en la forma en la que el padre y la madre inician la toma de contacto con el lactante. Las similitudes en la forma de relacionarse con el lactante prevalecen sobre las típicas diferencias entre géneros, que obviamente existen.[57] Por eso es de suponer que algunos aspectos esenciales del campo materno también son cubiertos por el padre.

Precisamente la posibilidad de mantener relaciones con diferentes personas y de esta forma construir diferentes facetas del complejo materno puede llevar, por ejemplo, al hecho de que un complejo materno que en sí mismo tiene un efecto represivo no llegue a causar tal efecto en todas las facetas de la vida, sino sólo en algunas. Dependiendo de las estructuras de complejo que los padres aporten al espacio materno, si es que ellos están presentes, cobrarán importancia otros valores y otros aspectos vitales.

Con independencia de la realización del complejo que se tenga, todas las personas ansían desarrollarse y ser autónomas, por eso nos encontraremos con personas a las que se les ha diagnosticado un complejo materno positivo originario, pero cuyo complejo del yo se ha desligado parcialmente de ese complejo materno. La mayoría de las personas trabajan en sí mismas, de esta forma, si en sus relaciones ven reflejadas determinadas peculiaridades suyas, intentan cambiar. Por eso apenas encontraremos a personas que se queden estancadas en un punto dado de su evolución en el proceso de desligarse del complejo materno, y eso

56 Enke, 1993, p. 63.
57 Papousek, pp. 29-49.

nuevamente dificulta describir cuáles son los elementos típicos de ese complejo. Además, hay que señalar que la mayoría de las personas no están dominadas únicamente por un complejo, sino que hay diversos complejos que interactúan y se relativizan entre sí. Teniendo en cuenta todas estas variables, ¿qué es lo típico?

Las personas marcadas por el complejo materno positivo original se rigen por el lema «Vivir y dejar vivir», y si es posible incluso por el de «Disfrutar y dejar disfrutar». La vida está bien así y ellos mismos también, incluso mejor, pues son una ampliación de la vida. Se abren al mundo con confianza, esperan algo bueno y suelen cosechar cosas buenas. Desarrollan una confianza originaria[58] en la vida, que puede ser excesiva. Una frase central para las personas que tienen esta realización del complejo es «Siempre terminan por solucionarse las cosas de alguna manera». Esta seguridad también puede derivar en flema, una actitud que implica dar por hecho que los demás siempre estarán dispuestos a hacer lo que sea por uno. Estas personas tienden a querer tenerlo «todo», a querer disfrutar de «todo», por ello tienen un sentido muy marcado para teorías que tienen «el todo» en el punto de mira. Puesto que el campo materno y por lo tanto también el complejo materno se forma desde el mismo comienzo de la vida, comprende también la etapa prelingüística. Aun cuando el complejo puede cambiar a través de cada fase del desarrollo, se impone inicialmente como descripción de la atmósfera vital al comienzo de la vida y, de esta manera, tiene una marcada relación con el propio cuerpo y, como persona física que es, con la capacidad de entrar en contacto con otras personas físicas; en consecuencia, con la capacidad de abrir la propia intimidad física a otras personas. Precisamente lo que distingue al complejo materno positivo originario es el hecho de que el niño es aceptado y admirado en toda su integridad física, y no sólo en la que huele bien. Marcadas por la experiencia de que la vida les cuida como una «Gran Madre», la mayoría de estas personas tienen una relación muy natural con la materia. A ellas lo que les importa es satisfacer sus necesidades, y por eso no tienen una mala relación con la materia. Se muestran afines a la sensualidad en un sentido amplio, aunque dependiendo del matiz del que le dotara la madre, esta sensualidad será diferente. Relacionar el complejo materno positivo originario con una acentuada oralidad sería simplificar demasiado, pues las personas

---

58 Erikson, 1971, pp. 62 ss.

marcadas por este complejo saben disfrutar, también oralmente, pero no únicamente de esta forma.

Estas personas tienen una relación cercana e íntima con el inconsciente, son creativos e imaginativos, tienen gran capacidad de creación, pero no siempre la desarrollan. También pueden ser simplemente personas soñadoras y, en ese caso, se convertirán en eternas promesas. Para poder transformar las ideas en realidad se necesita una gran perseverancia, una forma de agresividad, capacidad de sacrificio y tolerancia a la frustración. Si el complejo del yo no es capaz de evolucionar para emanciparse del complejo materno positivo originario, estas personas desarrollarán unas fronteras del yo inseguras. En ese caso, estas personas también podrán verse amenazadas por la irrupción de pulsiones incontroladas en un sentido amplio.

Las personas que tienen esta realización del complejo son amables, permisivas y también sensibles si les conviene, aman la armonía y el sentimiento vital del océano, donde todo está en comunión y las diferencias entre los hombres desaparecen, donde la plenitud de la vida se puede compartir en comunión, de forma que se crea un sentimiento del nosotros convincente y soportado por el eros. La idea de participación[59] es muy importante y este sentimiento nace cuando ellos pueden hacer realidad «todo», o al menos aquello que ellos entienden por «todo».

Al resumir la atmósfera del complejo materno positivo en hombres y mujeres, llama la atención el hecho de que la descripción resultante es muy cercana a lo que la psicología junguiana entiende como la experiencia del ánima,[60] entendiendo por ánima la imagen de lo extraño que es fascinantemente misterioso. Aquellas personas en cuyos sueños se les aparecen figuras del ánima o que proyectan una figura del ánima sobre una mujer real, dicen de sí mismos que se sienten con un espíritu amplio, llenos de emociones, que anhelan liberarse de las limitaciones y fundirse, un anhelo del que dicen que nunca podrá cumplirse en su totalidad. Este anhelo de fusión puede tener matices erótico-sexuales o erótico-espirituales. La mayor parte de los casos se trata de un anhelo de liberarse de limitaciones en lo físico, pero que se siente como algo absolutamente «global», como algo oceánico, es decir, algo que nunca es «únicamente» físico. Según la teoría de Jung, ánima y ánimus están

---

59 Haerlin, 1987, pp. 12 s., 41 ss.
60 Kast 1984; *cfr.* también Kast 1993.

marcados por los complejos maternos y paternos,[61] de ellos obtienen su matiz especial, pero también aquellas partes que, especialmente en la esfera arquetípica, están poco contenidas en las realizaciones del complejo originario y que aportan el impulso de evolucionar para desligarse de estos complejos originarios.

El complejo materno positivo originario aporta al yo la sensación de ser un yo suficientemente bueno en un mundo suficientemente bueno, la sensación de que su existencia está justificada de forma incuestionable. Uno tiene derecho a vivir, a amar y ser amado, a tener un sitio en este mundo; uno tiene derecho al respeto, a expresar necesidades físicas y mentales y a poder satisfacerlas, simplemente por el hecho de existir. Uno tiene el derecho a realizarse en el mundo, a participar de las riquezas de la vida. En última instancia, uno se siente «soportado» por la vida. Esta sensación fue descrita por Haerlin como el sentimiento vital de participación y lo pone en contraposición al yo-presionado-por-el-rendimiento, que tiene que trabajar por «no ser un yo bueno».[62]

Ni separación ni decisión
Dificultades y problemas

El problema principal de la persona marcada por el complejo materno positivo es el de la separación, la necesidad de tener que aceptar que existe la muerte, que existen las separaciones y los nuevos comienzos, las rupturas y los nuevos inicios. Otro problema en relación con la temática de la separación es el de decidir a favor de algo –y por lo tanto también en contra de algo–, sobre todo, la cuestión de introducir la agresión en su vida. No es que estas personas no sean agresivas: pueden echar mano de todo tranquilamente, pues la abundancia está para tomarla, y ésta ya es una característica que nosotros consideramos «agresiva».

Si estas personas no han conseguido relativizar su propio valor personal y tienden a considerarse a sí mismas un enriquecimiento muy particular de la vida, entonces también esperan tener derecho a que se les proporcione la correspondiente atención particular, y si ésta no se les concede se ofenden, se vuelven «difíciles», refunfuñadores, depresivos, y a esto va unido la autoagresión. También pueden volverse autodestructivos –en la mayoría de los casos de forma indirecta– y tomarse alguna

---

61 Jung, GW 9/11, p. 21.
62 Haerlin, 1987, pp. 12 s.

substancia que les prometa recobrar el sentimiento vital oceánico, al cual creen tener derecho y que además supuestamente los liberaría de la experiencia del «mundo malo». También pueden experimentar una agresión pasiva: simplemente no escuchan, olvidan cosas importantes sin malicia alguna, llegan tarde… Las dificultades se hacen especialmente patentes cuando en vez de tener una identidad del yo propia de la edad, tienen una identidad acomplejada, en la que el yo se identifica bien sea con la madre generalizada del complejo materno –por lo general mezclada con la madre como la «Gran Diosa» en sus diversos aspectos–, es decir, que sigue viviendo con cierta magnificencia, o bien se identifica con el niño eterno, o bien con ambos alternativamente.

De esta forma se dan problemas de identidad diferentes para hombres y mujeres: mientras que los hombres pueden resultan demasiado tiernos, demasiado maternales –se trata de una descripción realizada por un mundo patriarcal, al que le vendría bien que los hombres fueran más tiernos y sensibles–, o bien pueden seguir manteniendo en parte un espíritu de jovencitos incluso a una edad ya madura; las mujeres, identificadas con el papel de madres, pueden resultar poco llamativas, si es que no se considera llamativo el hecho de identificarse exclusivamente con el papel de madre, o bien pueden mantener muy claramente su espíritu de muchacha joven y comportarse como una hija.

En las viñetas clínicas, los temas comunes de las frases del complejo fueron: ser reprimido, la prohibición de vivir la vida propia conforme a la edad y convertirse en uno mismo. Esto quiere decir que no sólo no se facilita ni se promueve el desapego, sino que se presenta como algo «malo» y por lo tanto es causa de «culpa». Hay varios motivos para ello: las personas que ellas mismas son dependientes difícilmente podrán permitir que sus hijos sean autónomos. Si, además, los hijos sirven para que las personas de referencia mantengan una imagen idealizada de sí mismas, los hijos deben formar parte del propio sistema de los adultos el mayor tiempo posible. Con los hijos, los padres pueden construir la ansiada emoción del complejo materno positivo original. Se trata de un sentimiento vital de riqueza y abundancia, que cobra más fuerza gracias a la intervención aceptada y fomentada de una relación estimulante con los hijos. Por eso es comprensible que no se sacrifique este sentimiento vital tan fácilmente. Tampoco se suele ayudar a la expulsión de los hijos en aquellos sistemas en los que la agresión no puede introducirse de forma constructiva; en estos casos, la agresión se usa para protegerse-uno-mismo del mundo, para aislarse, en vez de para abrirse al mundo de forma constructiva.

La eterna promesa
Complejo materno positivo y estructura depresiva

Esta impronta del complejo se convierte en la base de una estructura depresiva en el caso de que no se produzca el desapego de ella a la edad adecuada. En estos casos, lo que ocurre es que el complejo del yo está demasiado poco desarrollado y tanto la actividad egoica como la diferenciación del yo con respecto a las demás personas suelen quedar en un segundo plano. Además, se desarrolla una enorme necesidad de aceptación y de amor, y si esta necesidad no se cubre, o no en la medida en la que uno espera, entonces el individuo intenta cambiar a la esfera del rendimiento. Intenta cumplir con las exigencias del mundo, aunque en realidad está enfadado por el hecho de que el mundo no cumple con sus propias exigencias, que considera tan legítimas. Pero no se puede mostrar la rabia, la rabia separa. Por lo tanto, el individuo se vuelve contra sí mismo. Nace un sentimiento de culpa latente: «Debe de existir alguna razón para que el sentimiento vital ya no sea tan maravilloso como antes». Sentimientos de culpa que están presentes, aunque reprimidos, nacen por el hecho de representar una «eterna promesa» y no haber cumplido aún con las esperanzas que los demás y él mismo han depositado en él, esperanzas con las que en algún momento debería cumplir. En un principio, este fracaso se compensa aparentemente con fantasías de grandeza, está esperando a que llegue el gran éxito, pero interiormente el sentimiento de culpa está presente, que junto con la insegura coherencia del complejo del yo conduce al individuo a la depresión. Los sentimientos de culpa tienen un significado profundo: somos culpables de nuestra propia evolución, de nuestro propio *Self*, no nos atrevemos a vivir nuestra propia vida con decisión, o al menos intentarlo. Pues nos engañamos, creemos estar viviendo nuestra propia vida, pero en realidad estamos viviendo lo que los padres y madres colectivos dominantes han previsto para nosotros. Lo que tenemos es una identidad impersonal colectiva, en ningún caso nuestra propia identidad.

También se pueden observar evoluciones hacia enfermedades fóbicas en este tipo de personas, siempre que el complejo del yo no sea capaz de desligarse de este complejo materno. La fase del desarrollo, contemplada por la psicología evolutiva, donde las fobias son relevantes, es la fase que comprende la transición de la simbiosis a la individuación, la transición de la dependencia a la independencia, de la obediencia a la responsabilidad propia, de la ausencia de conciencia al aumento de conciencia, de la fusión al distinguirse a sí mismo. En este punto nos preguntamos –y en ello radican todas las fobias– si llegaremos a ser autónomos, si podremos poner en juego nuestras agresiones, o bien, si reprimiremos nuestra agresividad sin poder desligarnos de la simbiosis. Jung define el miedo como «esta parte de la personalidad, todavía joven, a la que se impide vivir y es retenida, es la que desemboca en el miedo y causa el miedo».[63] El paso de la simbiosis a la individuación, de experimentar la unidad con la madre a la alegre experimentación de sí mismo como alguien autónomo, como una personalidad propia, es una separación. Con las primeras separaciones a las que se enfrenta un niño se decide hasta qué punto será una persona miedosa, si después sabrá manejar las separaciones a lo largo de su vida, si podrá ser él mismo. Pero el resto de las separaciones a las que nos somete la vida también siguen siendo decisivas en cuestiones tales como si aprenderemos a manejarnos con el miedo o si dominaremos nuestra vida a pesar del miedo.

Posiblemente sorprenda la constatación de que la causa de una estructura depresiva así como de muchas fobias también puede ser un complejo materno positivo originario. De este complejo también se derivan «fenómenos narcisistas» como la grandiosidad, la excesiva tendencia a sentirse ofendido, la exigencia de recibir muchas atenciones y la consecuente irrupción de la depresión que esto conlleva cuando no se dispone de estas atenciones con el suficiente esmero. Para un complejo del yo bien delimitado y suficientemente coherente, recibir una buena atención no es bastante, pues también es necesario que se le permita y fomente la actividad egoica, o que al menos no se le reprima. La presencia tanto de una estructura depresiva como de fobias está indicando que la individualidad se experimenta de forma poco responsable, que apenas se tiene en cuenta a su propio ser. Y esto puede producirse a partir de

---

63   Jung, GW 5, p. 383.

una situación de abundancia, donde esta abundancia representa todavía una exigencia «normal» que se hace a la vida. Las personas que proceden de un complejo materno positivo original traen consigo el recuerdo de una razón de ser incuestionable, pero también la sensación de tener que sacrificar en buena parte el placentero hecho de ser alguien diferente, de ser alguien diferenciado.

Los temas principales de los que siempre va acompañada esta constelación del complejo son la separación y la participación, la abundancia y la escasez, la vida y la muerte, lo imposible y lo factible, la visión y la encarnación, etc.

El duelo se convierte en alegría
Las diosas madre – un excurso

Jung partía de la idea de que un niño pequeño disponía de una «conciencia extremadamente poco desarrollada»,[64] que, por lo tanto, no experimenta inicialmente a la madre real, sino una «imagen primordial» de la madre. «La madre es [...] una experiencia arquetípica; es experimentada en un estado de mayor o menor inconsciencia, no como la persona concreta e individual, sino como la madre, como un arquetipo lleno de posibilidades extraordinarias de significados. A lo largo de la vida, esta imagen primordial va desvaneciéndose y es sustituida por una imagen consciente, relativamente individual, de la que se supone que es la única imagen de la madre que uno tiene. Sin embargo, en nuestro inconsciente la madre sigue siendo un imagen primordial poderosa, que a lo largo de toda nuestra vida individual y consciente va tiñendo la forma de relacionarnos con la mujer, con la sociedad, con el sentimiento y con la materia, e incluso la determina, aunque de una forma tan sutil que normalmente nuestro consciente no lo advierte».[65]

Jung parte de una suposición que hoy en día es cuestionada por las actuales líneas de investigación sobre los lactantes. El niño experimenta «realidad» desde el principio, no tiene una relación inicial con la fantasía arquetípica que a lo largo de la vida se va apartando más de la realidad. Sin embargo, niños y adultos anhelan a una «madre» muy parecida y que no necesariamente tiene que ver con la experiencia de madre que

---

64 Ibídem, GW 10, p. 49.
65 Ibídem, p. 49 § 64.

haya podido tener cada uno. Por eso creo que se confirma la hipótesis de que existe lo maternal arquetípico, en el sentido del anhelo por lo específicamente maternal, pero también en el sentido de que los individuos pueden desarrollar, en relación a sí mismos y a los demás, una parte maternal que no han desarrollado a través de la interacción con su madre. O también en relación con esto, que en los sueños y en las fantasías se da vida a imágenes de la madre que claramente poco tienen que ver con la madre particular y concreta. Por lo tanto, a través de la relación con la madre y a través de la vivencia de lo maternal en la psique de cada uno de los individuos, se evoca y da vida a imágenes arquetípicas de la madre, y estas imágenes de la madre, que en parte son realmente inconscientes, tienen una gran influencia sobre nuestras expectativas de lo maternal, pero también sobre nuestra propia definición del papel de madre.

Por eso hay que preguntarse –hablando de las imágenes arquetípicas–, hasta qué punto son sospechosas de tener una base ideológica, hasta qué punto construyen las relaciones de dominio existentes, o hasta qué punto –y esto se encuentra ya en el concepto de arquetipo de C. G. Jung–[66] tienen en sí mismas un componente de algo no resuelto. Pueden despertar fantasías útiles para el desarrollo psíquico de cada uno, e incluso pueden dar pie, por medio de la fantasía, a vivencias que apenas hayan sido experimentadas en la vida particular y concreta y conseguir, de este modo, impulsar o al menos reforzar tales vivencias a través de la fantasía; es decir, que estas imágenes arquetípicas pueden originar impulsos creativos. Jung dice al respecto que el proceso creativo consiste en una «activación inconsciente del arquetipo y en un desarrollo y una ampliación de éste que culmina en la obra acabada», donde «la conformación de la imagen errónea… [es] en cierta medida una traducción a la lengua de la actualidad».[67] Aquí también hay que señalar un aspecto colectivo, pues Jung considera –y yo creo que esto puede comprobarse– que en cada caso se activan los arquetipos de los que más carece la conciencia colectiva. Por lo tanto, con esta oferta creativa –sólo cuando la conciencia aceptara la oferta se convertiría en un verdadero proceso– se podría contar con una autorregulación de la psique que no sólo posibilitaría a cada uno las experiencias necesarias, sino que también tendría el efecto, a nivel colectivo, de atender a determinados contenidos que son importantes para la vida actual del individuo.[68]

---

66 GW 8, § 339; Kast, 1990, pp. 114 ss.
67 Jung, GW 15, § 130.
68 Kast, en:Rhode-Dachser, 1992. [1], pp. 66-88.

En relación a los arquetipos, Jung remite constantemente al hecho de que los dioses pertenecen a tiempos muy anteriores y que nos los encontramos hoy en día en nuestro inconsciente en forma de arquetipos.[69] Por eso se ha manifestado metódicamente como una opción concebir a los dioses y diosas –dentro de su entorno respectivo y envueltos en sus misterios, si es que son conocidos– como elementos estructurales del inconsciente colectivo y de aquellos aspectos de la humanidad relacionados con tales elementos estructurales, los cuales se depositan en la fantasía en forma de recuerdos y de expectativas.

En los últimos años se ha producido un creciente interés por las deidades femeninas, y de esta reacción debe deducirse que lo femenino se ha visto reprimido durante demasiado tiempo, tanto en su significado como en su influencia. Un subgrupo de estas deidades femeninas lo conforman las diosas madre. A mi modo de entender, se corre menos riesgo de establecer lo maternal de forma arquetípica si se intenta poner de relieve las experiencias vitales típicas relacionadas con estas diosas madre, en vez de referirse a ellas como seres, extremo que en el contexto mitológico sólo es posible de forma especulativa, o si son concebidas de forma personal-existencial, sólo en el caso de que aparezcan imágenes de diosas en sueños o fantasías.

En la mitología están presentes un gran número de diosas madre y a veces se tiene la impresión de que la mayoría de las diosas femeninas son subsumidas por las «diosas madre». Es lógico pensar que esto tiene que ver con el hecho de que casi todas las diosas femeninas pueden ser madres en teoría, pero también resulta sencillo destacar el carácter maternal de las diosas femeninas y de esta forma reducir drásticamente la variedad de los aspectos vitales que cubren. Posiblemente sean los complejos maternos no resueltos los culpables de que las diosas del amor se conviertan con tanta facilidad en diosas madre. Las estatuillas prehistóricas y protohistóricas que exhiben unos marcados atributos sexuales, donde los pechos y los genitales femeninos son representados frecuentemente como el «triángulo femenino», y que probablemente forman parte del culto a la fertilidad, podrían entenderse como «un preludio muy precoz de la aparición de las diosas madre».[70] Con esto se quiere expresar que la

---

69   Jung, GW 9/1, § 50.
70   Grimal, 1967, p. 29.

capacidad de dar a luz y la posibilidad de alimentar al niño, es decir, de darle todo lo que necesita, era claramente decisivo para la vida de los individuos y «era divinizado». Por lo tanto, estos dos aspectos son los que marcaban la diferencia de las diosas madre. Pero dentro de estos también habría que diferenciar la cuestión de dar a luz: se trata de poder concebir, de poder dar a luz, de poder expulsar en el momento oportuno.

Estas características de las diosas son trasladadas después a la naturaleza: a la madre tierra como creadora y conservadora de los humanos y de la vegetación. Es sobre todo en el momento en que se concibe la diosa madre como pareja de un dios celestial cuando es identificada con la tierra, entonces puede recibir el nombre de «tierra», como por ejemplo la griega Gaia.

La diosa madre de Asia Menor recibe el nombre de «Gran Madre», Magna Mater, los griegos la llamaban Cibeles, «o simplemente Meter Oreia, la "Madre de las Montañas"».[71] Por eso la piedra también es el símbolo de la diosa madre Cibeles. Al culto a esta diosa pertenecen «los sacerdotes eunucos, que se autocastraban en honor a la diosa. También se circunscribe aquí el mito de Atis, el amante de Meter (el nombre griego de la Magna Mater) que después de ser castrado muere bajo un pino, pero a pesar de todo sigue siendo el *parhedos* (el amante) de la diosa».[72] En general, esta diosa se entendió también como una «Madre Tierra» y por eso se reinterpretaron los elementos de su culto trasladándolos a los fenómenos de la naturaleza: la castración de los eunucos se correspondía con la siega de las espigas y las heridas que se infligían con espadas y cuchillos se correspondían con las herida que se practicaban a la tierra por medio de los arados, etc.

Según Burkert, el éxito del culto a Meter descansaba en la existencia de un «santuario establecido en un lugar fijo y en el sacerdocio permanente que va ligado a esto».[73] Hacia el año 205 a. C., los romanos reclamaron «el traslado de «la madre»[74] y así fue cómo se creó un centro de culto a Meter en el monte Palatino romano. Los eunucos se correspondían con Atis. Otra conocida diosa madre es Deméter, que significa «madre grano» o «madre tierra» *(Ge meter)*.[75] Este mito, que conocemos relativamente bien,[76] relata que Hades secuestró a la hija de Deméter,

---

71   Burkert, 1990, p. 13.
72   Ibídem.
73   Ibídem, p. 40.
74   Ibídem.
75   Lurker, 1979, pp. 114 ss.
76   Riedel, 1986.

Perséfone, y la llevó al inframundo. A consecuencia de esto, Deméter se recluyó abandonándose a la ira y al duelo y no dejó crecer más cereal, pero con la intermediación de Zeus se llegó al acuerdo de que Perséfone pasaría un tercio del año en el inframundo y los dos tercios restantes con su madre.

Perséfone es considerada diosa del inframundo –un aspecto que también posee Deméter–, y además también pasa por ser Koré cuando era una joven doncella –otro aspecto más de Deméter–, que se alegoriza con el trigo verde.

Este mito impone sobre todo por la feroz tristeza de Deméter que se mezcla con elementos de ira, así como por su negativa a participar de la vida y a hablar, hasta que finalmente le hacen reír y bebe zumo de cebada. Las Tesmoforias constituyen la fiesta principal del culto a Deméter; durante estas celebraciones se arrojaban a la cueva de Deméter cochinillos vivos, culebras y piñas. Esta fiesta estaba concebida para fomentar la fertilidad de las mujeres y, por lo tanto, también la fertilidad de la tierra, aunque estaba claramente relacionada con la cuestión del ascenso y el descenso, la muerte y el renacimiento en un sentido amplio.

Obviamente, este mito se puede entender también como un símbolo de la periodicidad del ciclo vegetativo, pero igualmente puede entenderse como un mito sobre el misterio de la fertilidad femenina, y ésta no sólo referida al aspecto físico. La fertilidad es cíclica pasa por épocas de decadencia e inactividad, para después mostrarse de nuevo en una fase de ascenso y de florecimiento que se concretiza en la producción de frutos en la tierra. Se trata de una fertilidad que también comprende la muerte como un período de barbecho. La idea de que la diosa madre también posee el aspecto de diosa de la muerte tiene que ver con el pensamiento cíclico, y seguramente también con la representación de la muerte como un «volver a casa», lo que se puede entender con facilidad como un volver a casa con la madre.

Otra diosa madre, quizás la diosa madre en su sentido más estricto, es la diosa egipcia Isis. De ella se dice: «Al comienzo estaba Isis, la más anciana de los ancianos». De ella proceden los dioses y los hombres. Como creadora dio a luz al sol[77] y su leche o su sangre alimentaban a dioses y a hombres.

---

77   Walker,1983, pp. 453 ss.

El significado de Isis resulta de su relación con Osiris. Osiris se concibe como el símbolo del dios muerto, quien milagrosamente es arrebatado a la muerte con ayuda de Isis. Osiris tenía un hermano que le era hostil, Seth. Seth mató a Osiris y arrojó su cadáver al mar. Isis y Neftis recorrieron todo el país en su búsqueda hasta que Isis encontró el cadáver de Osiris cortado en pedazos, entonces lo reconstruyó, lo despertó con sus lamentos y concibió de él al dios Horus, el dios del sol con cabeza de halcón –lo que, por cierto, remite al hecho de que Isis originariamente era una diosa del cielo–. Isis crio en secreto a Horus y consiguió imponer el derecho de éste al trono. Isis, que aparece representada frecuentemente con el joven Horus en brazos, es la precursora de la diosa madre María. Se diferencia de Hathor en que tiene un carácter maternal mucho más marcado a pesar de que asuma otros muchos aspectos. Dado que venció a la muerte también fue venerada como maga, aunque posteriormente fue devaluada a bruja. Como tal ayudó al dios sol en la barca en su lucha contra la noche. Durante la época grecorromana, Isis fue considerada una divinidad cósmica, guía de las estrellas, reina de los mares, etc. Isis y su oscura hermana gemela Neftis fueron la variante egipcia de la madre vida y de la madre muerte.

En este contexto es interesante el hecho de que la diosa sumeria del inframundo, Ereshkigal, aparezca representada tumbada y con las contracciones del parto. Es decir, que, en este mito, la diosa de la muerte es también la diosa de la vida.

En las fiestas en honor a Meter, Deméter e Isis debió de ser un tema central la cuestión del duelo que se torna en alegría.[78]

«El duelo de Deméter finaliza cuando Perséfone regresa, y "la fiesta se termina blandiendo las antorchas con júbilo", en la fiesta en honor a Magna Mater después del "día de la sangre" *(dies sanguinis)* viene el día de la "serenidad", Hilaria; los ritos del duelo en el culto a Isis terminan con el hallazgo de Osiris, materializado en el agua del Nilo: "Lo hemos encontrado, nos alegramos todos"».[79] En esta interpretación, Isis significa la tierra o «la fuerza fructífera de la tierra y la luna, Osiris la fecunda fuerza del Nilo».[80]

---

78 Burkert, 1990, p. 63.
79 Ibídem.
80 Ibídem, p. 70.

Plutarco alude a otra esfera de interpretación al contraponer el principio de la desmembración y la aniquilación –simbolizado por Osiris y Seth– al «principio bondadoso de unificación» –encarnado por Isis, que sufre y pare vida–.

Los temas arquetípicos relacionados con la diosa madre son: la experimentación del principio de unificación; la consecución de la transformación del duelo en alegría –que se corresponde con la transformación de la experiencia de la separación en experiencia de participación–; la experiencia de que la muerte y la vida se condicionan mutuamente; las funciones específicamente biológico-maternales, que son concebir, acoger, dar a luz, alimentar y entregar a uno a su propio destino; desde un punto de vista simbólico también la fuerza fructífera de la tierra como esa fuerza que hace posible el crecimiento y que lo mantiene tanto tiempo como sea necesario, pero que también retira esa fuerza cuando ha llegado el momento de hacerlo.

«Agresión y queja»
Evolucionar a partir del complejo materno positivo originario

S i siempre hablo de un complejo materno positivo originario es porque este complejo deja de ser positivo si el complejo del yo no se desarrolla de forma acorde a la edad. Por lo tanto, debe existir la posibilidad de desarrollarse fuera de este complejo materno positivo original para poder mantener la riqueza que se experimenta en esta constelación del complejo y trasladarla a la vida experimentada. A través de los cuentos conocemos algunos casos ejemplares relacionados con este tema. Además, los cuentos tienen una ventaja con respecto a las descripciones de procesos terapéuticos, pues son ejemplarmente cortos y presentan procesos evolutivos típicos. No obstante, no escribiré ninguna interpretación detallada de ningún cuento, sino que simplemente me referiré a las necesidades evolutivas esenciales relacionadas con el proceso de evolución fuera del complejo materno positivo tal y como le acontecen al héroe del cuento y a la heroína de un segundo cuento.

El caballero de la triste sonrisa
La evolución masculina ejemplificada en un cuento

Érase una vez hace mucho tiempo –y si hubiéramos vivido en aquella época no viviríamos ahora; nuestra historia sería antigua o nueva, pero no por ello nos habríamos quedado sin nuestra historia–, érase una vez un hombre y una mujer que se habían casado, pero poco después de la boda el marido murió y la mujer se quedó sola. Nueve meses después de la boda –ni un día antes ni uno después–

tuvo un hijo, un niño. Como la mujer se sentía muy sola cuando tuvo al niño, lo quería tanto que no lo habría cambiado ni por un lingote de oro. Lo amamantó durante veintiún años y en todo ese tiempo el niño nunca llegó a atravesar el umbral de la puerta. Y estuviera bien o mal, así sucedieron las cosas. La madre trabajaba y se afanaba sin parar por su hijo. Cuando éste se *dio cuenta de que su madre entraba ya en la edad de la demencia, se dijo a sí mismo que era hora de hacer algo por su madre y procurarle bienestar para el resto de su vida.*

Saltó de la cama, se colocó en el centro de la habitación, se estiró y metió su cabeza hasta los hombros por entre las vigas de la casa. Así permaneció hasta que su madre regresó a casa.

—*Espero que te siente bien el haberte levantado, mi amor —le dijo la madre a su hijo—. ¿No crees que eres un poco desobediente por haberte levantado de tu cestita para ver lo que hay a tu alrededor?*

Al escuchar la voz de su madre, encorvó la espalda y volvió a meter la cabeza dentro de la casa. Luego dijo a su madre:

—*Ya te has afanado durante demasiado tiempo por mí, madre, ahora ha llegado el momento de que sea yo el que se ocupe de ti.*

—*Más vale tarde que nunca, hijo mío —contestó.*

—*Madre, dame unos harapos para vestirme, y luego me iré al encuentro de la gente.*

Entonces la madre fue a por unas sábanas y las unió sólo con hilo, ya que no tenía aguja. En cuanto el muchacho tuvo puesto el jubón y los pantalones, salió a toda prisa de la cabaña y ni siquiera se paró a descansar hasta que no hubo llegado a un lugar donde se estaba construyendo un gran palacio. Había muchos grupos de hombres que trabajaban en torno a la obra en construcción, y cuando éstos vieron llegar al joven alto y enjuto, jadeando y sin aliento, se asustaron de él y salieron corriendo como alma que lleva el diablo.

El hijo de la viuda se asombró al ver que la gente se alejaba de él corriendo. Cuando llegó al palacio, no encontró allí a nadie más que al vigilante, se acercó a él y le pidió trabajo, y como éste tenía miedo de él, no se atrevió a negarle nada ni por todo el oro del mundo. Entonces el joven preguntó al vigilante qué jornal pagaba a los trabajadores, éste se lo dijo, a lo que el hijo de la viuda le preguntó:

—¿Si trabajo tanto como doce hombres, me pagarás lo correspondiente a doce hombres?

—Sí –dijo el vigilante.

—¿Por dónde debo empezar?

—Ahí hay una roca, se necesitan doce hombres para poder subirla a lo alto del muro, así que ven y prueba tus fuerzas con ella.

El hijo de la viuda agarró con fuerza la roca y la subió como si se tratara de un canto.

Cuando el vigilante vio aquello, se llevó la mano al bolsillo, le dio cinco libras y le dijo que fuera a una tienda a comprarse un traje y que después regresara al trabajo, que le pagaría el jornal de doce hombres.

Nada más coger su dinero, el hijo de la viuda se fue a la tienda sin entretenerse. Al verlo, los dependientes se asustaron sobremanera, pero cuando preguntó por un traje, corrieron todos a atenderlo como si les fuera la vida en ello. Con el susto que tenían encima, a los dependientes se les olvidó pedirle que pagara el traje, y una vez que se había ido de la tienda ya nadie se atrevió a salir detrás de él a pedírselo, tal era el miedo que tenían.

El hijo de la viuda se vistió de la cabeza a los pies y en toda la tierra no había un príncipe que luciera más hermoso y majestuoso que él. Ni el ojo más perspicaz habría sido capaz de reconocer su figura. Cuando regresó a su trabajo, el vigilante, en vez de darle órdenes, se puso a su disposición, pues pensaba que era el hijo de un rey que había llegado desde el este para pedir la mano de la bella Leámuinn, la de los carrillos dorados, la hija del rey que había mandado construir el palacio.

Por lo tanto, el asunto no estaba ni bien ni mal. Resumiendo esta larga historia, el hijo de la viuda se quedó allí construyendo el palacio hasta que sólo faltó colocar el tejado. No es necesario decir que durante todo este tiempo le mandó a su madre mucho dinero.

Poco después de terminar de construir los muros del castillo, el rey anunció un edicto que mandó pregonar por todo el reino: a aquel que consiguiera traer a lomos de la gran serpiente que se esconde en el bosque la cantidad de madera necesaria para construir la viguería del tejado del castillo, fuera quien fuese, incluso un pobre vagabundo que no tuviera con qué cubrirse, el rey le entregaría como esposa a su hija Leámuinn, la de los carrillos dorados; pero quien fallara en tal empresa encontraría la muerte inmediatamente.

El hijo de la viuda estaba en su casa descansando y un día dijo a su madre:

—¡Seré infeliz y desgraciado si no pruebo mi suerte! No voy a parar hasta intentar llevar a cabo la empresa de traer hasta el castillo la mayor carga de madera posible sobre los lomos de la serpiente y conseguir así a la princesa como esposa.

—Si siguieras mi consejo –le advirtió su madre–, no te enfrentarías a la serpiente. Ha matado a mucha gente desde los tiempos de la gran inundación. Temo que si intentas enfrentarte a ella tu vida no será muy larga.

—Madre, no sabes que en mis huesos se esconde la fuerza de cien hombres gracias a que tú me amamantaste durante veintiún años. Por eso, en cuestión de fuerza, no hay nada en la tierra a lo que yo pudiera temer. Cuídate, madre, y cuando vuelvas a verme la princesa será tu nuera.

Se fue de allí con premura, tan rápido como el viento, con cada paso avanzaba una milla y con cada zancada doce. Y así fue como atravesó todo el reino y llegó hasta el palacio del rey, éste lo saludó y el joven le contestó.

—He oído que cualquier hombre que realice con éxito la prueba tal y como se anuncia en tu edicto podrá conseguir como recompensa a la bella Leámuinn, la de los carrillos dorados.

—Sí –dijo el rey, que se quedó maravillado al ver al hijo de la viuda, pues en toda su vida nunca había visto a un hombre tan hermoso como éste que ahora tenía delante de sus ojos–. Me parece –dijo el rey– que tus manos y tus brazos son demasiado finos y delicados para realizar el trabajo de un rudo mozo.

—¡La punta del gablete muestra la perfección! –dijo el hijo de la viuda.

—Eres un joven valiente –dijo el rey–, pero creo que tu cabeza también terminará clavada en una pica sobre la puerta de mi castillo, junto a las otras muchas que ya hay allí.

El hijo de la viuda no permaneció allí mucho tiempo, ya que se dirigió a la puerta y salió corriendo en dirección al bosque. En medio del bosque había un gran lago, habitado por la enorme serpiente, que apenas lo abandonaba para ir a tierra. Pero cuando la serpiente pisaba tierra firme engullía tanto que tenía comida suficiente para una semana y ya no necesitaba volver a salir a cazar.

Cathal –pues así se llamaba el hijo de la viuda– iba caminando por el bosque, mirando atentamente a su alrededor, y no tardó en advertir sobre la hierba la viscosa huella de la serpiente. Fue siguiendo la huella hasta que la divisó a lo lejos. La serpiente parecía dormida.

Cogió un olmo, lo arrancó de cuajo y practicó una hendidura de cuatro pies en la parte de abajo del árbol. Después arrancó de la tierra otro tronco, el de un fresno, y lo cogió con la mano como si fuera un bastoncito. Entonces se acercó sigilosamente al dragón por detrás y se colocó junto a la punta de su cola, insertó rápidamente la parte de abajo del tronco del olmo por debajo de la cola, y pasó una parte de ésta por entre la hendidura que había practicado en el tronco del árbol y, para que quedara bien sujeta, atravesó con una cuña el árbol y la cola juntos. En ese momento, el dragón se levantó del suelo dando un brinco y llevó a Cathal por encima del bosque, pero éste se agarró con fuerza a la copa del árbol. Con mucha fuerza consiguió tumbar al enorme dragón. El dragón no tuvo mucha suerte. Mientras caía al suelo, el dragón lo agarró para arrastrarlo con él, sin embargo, el joven alzó el fresno y le propinó un buen golpe por debajo de las orejas, de modo que estuvo cinco horas sin sentido, sumido en un profundo sueño.

Cathal empezó a arrancar árboles con raíces y todo y los iba apilando *sobre la cabeza de la serpiente. Cuando consideró que ya tenía suficiente madera para el palacio, volvió a propinarle un golpe a la serpiente detrás de la oreja izquierda, ésta empezó a chillar, pero el joven siguió dándole golpes hasta que se puso en movimiento y de esta forma fue como logró llegar hasta los corrales del rey.*

Cando los soldados del rey que montaban guardia desde la ventana más elevada avistaron a Cathal con una enorme montaña de madera, lo tuvieron por el mayor mago del mundo. No podían dar crédito a lo que estaban viendo, no podían creer que hubiera en el mundo entero un hombre que pudiera vencer a la gran serpiente como había hecho él.

Una vez que Cathal hubo conducido a la serpiente y el cargamento de madera hasta los muros del castillo, se acercó hasta la puerta y el rey salió a recibirlo.

—¡Alégrate de tener todos tus huesos sanos y salvos! –le dijo–. Eres el héroe más valiente sobre la faz de la tierra.

—Recibo con honor tus elogios –respondió Cathal–, y creo que me he ganado a tu hija.

—Estoy plenamente dispuesto a darte a mi hija –dijo el rey –pero tendrás que presentarte ante ella.

—Me parece bien –dijo en respuesta Cathal.

El rey lo llevó hasta los aposentos de Leámuinn y conversaron. Ella le dijo:

—Hasta ahora sólo has conseguido un tercio de mi persona. Ahora tienes que devolver la serpiente al bosque y matarla. Cuando lo hayas realizado tendrás que viajar al este y en el plazo de un año, contando desde hoy, me traerás noticias del caballero de la triste sonrisa, y de por qué lleva siete años sin reír. También tienes que traerme una prueba de la muerte de la «horrible vieja de los dientes fríos». Cuando hayas realizado todo esto aceptaré tomarte como esposo. Pero has de saber una cosa: ¡si no lo consigues realizar en el año y el día acordado, convertiré tus huesos en polvo y ceniza!

—¡Peor para ti! –dijo Cathal, y se marchó.

No tardó en descargar toda la madera que había sobre el lomo de la serpiente, después cogió el palo de fresno, lo blandió con fuerza y le propinó un buen golpe a la serpiente detrás de las orejas. Poco después Cathal se encontraba de nuevo en medio del bosque con la serpiente, entonces comenzó a golpearla con el extremo más gordo del tronco hasta que ésta no pudo ni mover las orejas. Sacó un cuchillo de su bolsillo y le cortó la lengua, para así evitar que cualquiera que pasara por ese lugar dijera a la princesa que había sido él quien había matado a la serpiente. Después de esto, en vez de dar media vuelta para regresar, se fue raudo y veloz en dirección a la costa para viajar inmediatamente hasta la India. En la playa encontró un barco y, con la proa mirando hacia el mar y la popa hacia tierra, desatracó el barco y puso rumbo a alta mar. Desplegó las velas multicolores, las pequeñas y las grandes, hasta la punta del mástil. El barco tenía una bogada de doce hombres y un timonaje de cien. Un tercio de su velocidad la sacaba de la fuerza de los remos y dos tercios gracias al viento que soplaba e hinchaba las velas; y así surcaba los mares, se elevaba remontando las olas hasta casi volcar, precipitándose después violentamente de nuevo. La fuerza del barco removía la blanca espuma y aventaba la arena gris. Delante de él veía un mar verde azulado, rojo como la sangre por detrás. El silbido de las velas y el rugido del mar eran para él un dulce susurro y le parecía que no había ningún pájaro de la parte oriental del mundo que no le cantara en su remar.

Más tarde o más temprano llegó a un puerto en el este, pero con la gran velocidad que llevaba el barco, no pudo parar a tiempo y se adentró en tierra más de nueve yugadas y nueve lomos de ola, hasta llegar a un lugar donde no corría el peligro de que el sol lo quemara o la tormenta lo azotara. Un arbusto de lengua de buey le proporcionaba protección.

Ahora Cathal paró a descansar y se puso de pie. Sus articulaciones estaban algo rígidas, sus huesos parecían los de un niño pequeño y sólo después de andar fueron cogiendo flexibilidad. Se puso a caminar. Su cuerpo estaba débil y sin fuerzas. Entonces se dio cuenta de lo solo que se encontraba en tierra extraña, sin amigos y sin ayuda, y de lo mucho que apremiaba el tiempo. Su alegría se apagó cuando se puso a pensar que estaba allí sin madre ni esposa, sin casa ni hogar. Pero juntó todas sus fuerzas y siguió caminando y ni el miedo ni los escalofríos le hacían pararse ante nada de lo que se encontraba por el camino. Después de unos cuantos días se encontró de repente con un corral, en un sitio donde había muchas edificaciones. En los muros de las edificaciones crecía el musgo porque nadie se ocupaba de ellos. Después de caminar durante un tiempo alrededor de los muros, dio con una puerta que estaba en una pared lateral de una casa. La puerta era tan baja que incluso a cuatro patas le costó entrar por ella. Ya dentro, vio en el pasillo una puerta que daba a una habitación, allí había una mujer muy mayor. La expresión de su cara delataba su preocupación. La mujer entró deprisa en una habitación y Cathal se quedó escuchando. Pudo oír una conversación entre dos personas que hablaban en la habitación, enton-

ces dio un paso hacia adelante y se topó con la anciana.

—¿*Es tuya esta granja?* –*preguntó–.* ¿*O vive aquí alguien más distinguido que tú?*

—*No es mía* –*dio como respuesta–, aquí vive un señor que es más distinguido que tú. Además, eres un impertinente y un maleducado por entrar y hacer preguntas acerca de los habitantes de esta casa.*

—*Dime el nombre del señor que vive en esta casa,* –*dijo Cathal.*

Ella rehusó contestarle. Entonces él atravesó la puerta con paso firme y al mirar a su alrededor vio delante de él a un hombre delgado y alto, tumbado boca arriba en medio de la cama y con gesto imperturbable.

Antes de que Cathal tuviera tiempo de decir «Dios te bendiga», el hombre, que se había levantado de un brinco, ya lo había agarrado por la garganta. Se desató una acalorada y ruidosa lucha en la habitación, con golpes y forcejeos por doquier; los dos enormes hombres pelearon como nunca antes se había visto en la tierra. Cathal se dio cuenta entonces de que no tenía a nadie que le pudiera secundar y apoyar, pensó en su madre, a la que había dejado en casa sola, y se adueñó de él una desesperación enfurecida. Con un inmenso esfuerzo empujó hacia el fuego al «hombre que estaba en la cama» y cuando éste sintió el dolor de las quemaduras gritó pidiéndole que le soltara y le curara las heridas de las brasas, que haría lo que le pidiese.

—*Antes de que te levantes, dime tu nombre, si no lo haces no dejaré ni una gota de vida en ti.*

—*Soy el caballero de la triste sonrisa, el que no se ha reído en siete años.*

—*Tú eres el hombre* –*dijo el hijo de la viuda– al que voy buscando hace tiempo.*

Entonces lo cogió con las dos manos, lo sentó sobre el borde de la cama y curó sus heridas frotándolas con saliva. Se curó enseguida y estaba tan sano como antes de la lucha.

Se sentaron y se observaron mutuamente durante un tiempo, igual que el gato acecha al ratón. Poco después, el hijo de la viuda oyó a una mujer dando fuertes voces y creyó que el cielo y la tierra estaban luchando, tal era el temblor de las paredes. Miró de reojo al caballero y

de su cara desencajada pudo percibir que los gritos le resultaban desa-
gradables. De pronto, el caballero preguntó al hijo de la viuda:

—¿De quién eres hijo? ¿De dónde vienes?

—Soy el hijo de un distinguido luchador irlandés y he emprendido esta
aventura para informar sobre ti y para saber por qué llevas siete años sin
reír.

—Ahora no quiero decírtelo, pero quizás comparta contigo el motivo
de mi tristeza en otro momento.

El caballero dio una palmada, y cuando la mujer lo oyó, se presentó
allí.

—¿Has preparado la cena? –preguntó el caballero.

—Sí –dijo ella.

—¡Tráenosla!

Enseguida tuvieron delante una buena y apetitosa comida y ningún
bocado sabía igual que el otro. Cuando ya hubieron comido y bebido lo
suficiente, se fueron a dormir. Después de echarse en la cama, Cathal
no dejó de pensar en los violentos gritos que había escuchado al co-
mienzo de la noche y decidió que iba a registrar el lugar palmo a palmo,
sin que nadie se diera cuenta, hasta que lograra satisfacer su curiosidad
y supiera de qué tipo de ser procedían tales gritos.

A la mañana siguiente se levantó, se lavó la cara y se puso a caminar
por los alrededores sin haber comido nada antes. Después de caminar
durante una hora más o menos, se percató de algo que había a lo lejos.
Al acercarse, vio que era un caballo y, cuando estaba a tiro de piedra,
vio que tenía color de rata. El caballo oyó sus pisadas, alzó su cabeza
y al verlo empezó a relinchar. No tardó en llegar trotando otro caballo
y juntos se marcharon del lugar tan rápido como el viento. Cathal fue
tras ellos tan deprisa como pudo y no los perdió de vista en todo el tiem-
po. Por último, ya al final, cuando apenas tenía aliento por el esfuerzo
de la carrera, vio que se dirigían hacia un lugar circular que había en
el bosque. Les siguió hasta el corral y, justo cuando se estaba agachando
para pasar entre los travesaños, uno de los caballos pegó un relincho.
Poco después vio a una mujer mayor y corpulenta que se dirigía hacia
él echando espuma por la boca y, en cuanto la vio, se le cayó el alma a
los pies del horror que le infundía. Cuando se le acercó, dijo:

—*Si te cojo por la barba te retuerzo el pescuezo a ti, que eres un polluelo. Puedo oler al falso irlandés ladrón.*

—*No soy ningún falso irlandés ladrón* –dijo Cathal–, *sino un magnífico luchador.*

—*¿Qué prefieres?* –preguntó ella–, *¿luchar conmigo sobre piedras rojas de sangre hasta que pueda cocinar tus huesos en una sopa o que con un cuchillo tres veces afilado trocee tus costillas y te corte la carne y la piel a tiras mientras tu sangre fluye a borbotones hasta el suelo? Ni un pájaro encontrará tus huesos, pues esparciré todo tu cuerpo mezclado con tierra en siete millas a la redonda.*

—*Prefiero luchar sobre las piedra rojas* –dijo el hijo de la viuda–, *mis fuertes miembros te aplastarán contra el suelo y ningún pájaro podrá comer tu carne ni oler tus huesos.*

—*Para un sólo bocado me resultas demasiado grande, para dos demasiado poco* –dijo ella–. *Si tuviera un granito de sal me llevaría tu carne a mi hambrienta boca.*

Cathal no se amilanó. Se abalanzó sobre ella, desatando una acalorada y violenta lucha. Nunca antes se había visto una pelea como ésta de un lado al otro del mundo. Las piedras que estaban arriba fueron lanzadas hacia abajo y las que estaban abajo fueron lanzadas hacia arriba. Lo que estaba duro se tornó blando y de las duras piedras manaba agua.

Cuando el día estaba llegando a su fin, el hijo de la viuda se sentía agotado. Entonces pensó para sí que no había nadie que se lamentara por él ni que le tendiese sobre su lecho mortuorio. Así que agarró con fuerza a la vieja de ambos lados, pero ella era tan fuerte que ni se movió. Cuando el sol se escondió detrás de las colinas, Cathal ya había agotado todas sus fuerzas, y en ese momento la vieja se dio cuenta con júbilo de que tenía opciones de obtener una victoria sobre el magnífico caballero. Pero antes de que Cathal perdiera su último aliento, llegó un pajarito y se posó sobre el cartílago de la nariz de la vieja bruja, la picó en los ojos y entonces la bruja se quedó tan débil como un ganso.

Cuando la vieja se cayó al suelo, él se agachó y le dio un golpe sobre la carótida de modo que ya no volvió a mover ni un musculo.

Una vez muerta, cogió un cuchillo de su bolso y le cortó la punta de la lengua. Después fue a toda prisa hasta el palacio de la bruja y lo revolvió todo de arriba abajo, no había ningún rincón en la casa que no estuviera lleno de oro o plata, pero no vio a ninguna persona. Regresó de nuevo al corral donde estaban los caballos, los ató al comedero y corrió hasta la casa del caballero, donde no dijo nada de lo que había sucedido. Como el día anterior, el caballero le ofreció una buena comida y después de comer se pusieron a contar historias. Cuando se hizo de noche y el caballero se dio cuenta de que no había oído ni un sólo grito de la vieja, se extrañó. Como él nunca había podido vencerla, pensaba que nadie en el mundo podría hacerlo. Fue Cathal quien sacó el tema.

—Ya no oigo los gritos de la noche pasada –le dijo al caballero–. ¡Y creo que no los voy a oír más!

El caballero se sonrió y le respondió:

—*Esa vieja bruja vive aquí desde tiempos inmemoriales, sometió la isla y la quemó y prendió fuego de este a oeste, de modo que ya no vive nadie aquí, sólo la mujer que me sirve y yo. Muchas veces he luchado contra ella con todas mis fuerzas, pero he tenido que desistir y renunciar a seguir luchando. No ha habido una sola noche en estos siete años en los que me asola esta desdicha en la que no haya lanzado esos gritos en la hora muerta de la noche, para así causarme una desdicha sin fin.*

—*Dime cuál es la causa de tu triste sonrisa –dijo Cathal–, puedes estar seguro de que no volverás a oír la voz de la vieja en toda tu vida.*

El caballero comenzó a contar la causa de su aflicción diciendo:

—*Mañana hará siete años, ni uno más ni uno menos, que yo poseía aquí un gran reino. A los más nobles del país les envié una invitación a una fiesta. Tenía una casa bonita, cálida y cómoda, así como veinticuatro caballos preparados para cazar cada día. La mesa ya estaba dispuesta para comer y yo la presidía, y cuando estaba a punto de dar comienzo el banquete, levanté la cabeza, miré por la ventana y vi a «la liebre con el mal aliento» que se estaba dando un chapuzón en el charco que había más allá del corral de los caballos y, cuando salió del charco, se llegó hasta la otra orilla. Allí había un paño bien extendido y entonces la liebre se tiró encima del paño de tal modo que no quedó ni una pulgada sin salpicaduras de barro. Después se levantó y subió hasta el alféizar de la ventana, que estaba abierta, ya que el día estaba muy bochornoso. Metió el hocico por la ventana y soltó una bocanada de su mal aliento que nos estropeó a todos la comida.*

»Llamé a mis sirvientes y les ordené ensillar los caballos y soltar los perros. Monté mi caballo gris y salimos corriendo a perseguir a la liebre. En ocasiones, el hocico del perro llegaba casi a tocar la parte trasera de la liebre, pero enseguida se ponía ésta de nuevo a una milla de distancia y así estuvo burlándose de nosotros durante todo el día. Yo no paraba de azuzar a mis perros y animar a mi gente a seguir persiguiendo a la liebre y cazarla. Así estuvimos mucho tiempo, hasta que llegamos a un gran valle situado entre dos colinas. Cuando el último hombre de mi séquito ya hubo entrado en el valle, éste se abrió y me tragó a mí, a mis perros y mis caballos y a todos mis hombres: de repente nos encontrábamos delante de veinticuatro ladrones con su cabecilla. Empezaron a burlarse de mí y de mis hombres. Uno de ellos cogió una escoba y se puso a barrer toda la suciedad que allí había y a tirárnosla a la boca. El cabecilla me dijo: «Aquí hay mucha carne si es que sabes cocinarla para tus hombres». Tenía un cerdo pinchado en un asador y me ordenó cogerlo y dar vueltas al cerdo sobre el fuego para dárselo de comer a mis hombres. Cogí el asador, tal y como me había ordenado, y yo que por aquella época era un fornido caballero, no habría podido levantar el cerdo del suelo ni aunque lo hubiéramos partido en cuatro. En esas me preguntó el jefe qué tipo de heroicidades hacíamos nosotros en casa además de comer. Pero antes de que tuviera tiempo de pensar en una respuesta, arrojó al fuego un enorme bloque de hierro que estaba atravesado por una cadena de lado a lado. Cuando el bloque de hierro se puso incandescente, el cabecilla de los ladrones y su gente lo sacaron del fuego. Entonces, el jefe de la banda puso a sus hombres a un lado y a los míos a otro, cogieron la cadena y empezaron a tirar de ella, cada grupo hacia un lado, y así ocurrió que los ladrones consiguieron arrastrar a todos mis

hombres hasta el bloque incandescente, de modo que no quedó ni una pulgada de sus cuerpos sin derretirse. Yo estaba allí delante, sin saber si iba a tener igual destino. Después de haber tratado de este modo a mis hombres, vino otro con una varita mágica en la mano y tocó con ella a mis caballos y a mis perros, convirtiéndolos en piedras, y las fue amontonando unas sobre otras. Pretendía hacer lo mismo conmigo, pero entonces lo amenazó el cabecilla de los ladrones y dijo que suponía que yo era el cabecilla del grupo y que me daba permiso para regresar a casa. Entonces abrió la puerta y me dejó salir y necesité más de un año para deshacer el camino que el día anterior había hecho persiguiendo la liebre.

»Una vez que regresé a casa, me tumbé en mi cama y desde aquel día ya no volví a levantarme ni a sonreír, hasta hoy. La banda de ladrones hechizó mis tierras y todo lo que era mío, todo menos a mi vieja sirvienta y a mí mismo. Y desde el día en que la desdicha cayó sobre mí, nadie había podido vencer a la vieja monstruosa que lleva lanzando sus gritos todos estos siete desgraciados años. Durante estos siete años ha reducido a cenizas a la población de toda la isla.

—*¡No matará a nadie más hasta el día del Juicio Final —dijo Cathal—. ¡Realmente tenías motivos para estar apenado y triste y no reír durante siete años! Te doy las gracias por haberme contado la causa de tu triste sonrisa. Pero ya no tienes que preocuparte de la vieja, pues puedo decirte que la he matado.*

—*Pensaba que ningún hombre sobre la faz de la tierra iba a poder partirle el espinazo. Tenía la intención de luchar contigo, pero ahora que has matado a la destructora de esta tierra ya no tengo nada en contra de ti.*

Después de cenar se fueron a dormir. Cathal durmió tranquilo y feliz hasta el día siguiente, y apenas había amanecido cuando se levantó y, lleno de alegría, se dispuso a salir en dirección al palacio de la vieja. Quería dejarlo todo a buen recaudo y guardarlo para Leámuinn, cuando llegara para vivir allí.

Cuando creyó que era hora de comer, fue a casa del caballero y, efectivamente, allí había una apetitosa comida preparada. Cathal levantó la cabeza mirando hacia la ventana. En eso que advirtió que fuera, más allá del corral, había algo del tamaño de un perro que no paraba de correr de un lado a otro y le hacía señas de que mirara hacia afuera. Y cuando miró, la reconoció enseguida: era «la liebre del mal aliento», la que se presentó una vez hace siete años.

—¡Mi desgracia y mi desdicha! –gritó–, si tuviera caballos, bien lo sabe Dios, que volvería a salir detrás de la liebre.

—Ven conmigo –dijo Cathal–, y pronto tendremos dos caballos como nadie antes ha montado.

El caballero siguió a Cathal y raudos tomaron el camino que conducía hasta donde estaba la vieja y el corral con los caballos. El hijo de la viuda agarró el lomo de uno de ellos y le mandó al caballero que se subiera al otro. Éste siguió la orden y salió corriendo seguido de Cathal. No se desviaron del camino y la liebre los llevó por el mismo sitio por el que había llevado al caballero siete años antes. Cuando llegaron a la cabaña de los ladrones, éstos lanzaron unas buenas carcajadas burlándose de ellos. Cathal dijo: «¿De qué os reís?», y agarró una escoba y les echó a la boca toda la suciedad que se había acumulado a lo largo de siete años. Entonces cogió el cerdo por las patas como si fuera un haz de paja y, no habiéndolo dejado cocer ni dos minutos, se lo dio a comer al caballero. Después cogió el bloque de hierro, lo lanzó al fuego y cuando estuvo incandescente lo volvió a sacar. Él se puso a un lado del bloque de hierro y los veinticuatro ladrones al otro extremo y, por fuerte que tiraran y se quedaran sin aliento, cada uno de ellos se fue convirtiendo en un puñado de grasa. Después agarró al cabecilla, con el que pensaba hacer lo mismo, pero entonces el caballero le dijo que lo perdonara ya que años atrás éste le había dejado abandonar la cabaña. Y añadió, «Si tú me devuelves a los hombres, los caballos y los perros que llegaron hasta aquí hoy hace siete años, te dejaremos sano y salvo».

Al comprender que podía terminar muerto, al cabecilla de la banda de ladrones le asaltó el miedo, y como vio que Cathal poseía la fuerza de cien hombres, consideró que lo mejor que podía hacer era devolver a la vida todo lo que había llegado hasta su cabaña y todo *lo que le había arrebatado al caballero. Lo hizo tan rápido como le fue posible, tocó con la varita mágica el montón de piedras que estaba en un rincón de la cabaña y, en un abrir y cerrar de ojos, cobraron vida hombres, perros y caballos, todos estaban tan sanos como lo habían estado antes. Entonces Cathal le ordenó abrir rápidamente la puerta, cosa que hizo enseguida, así que salieron corriendo de allí. No tardaron en llegar a casa y, cuando llegaron, el caballero vio que su palacio, su granja y todas sus posesiones estaban hermosos y llenos de flores, igual que estaban antes de que llegara «la liebre con el mal aliento». Su corazón se alegró de que la vieja bruja estuviera muerta. Tanto él como todos sus hombres y sus sirvientes habían recuperado la movilidad de todos sus miembros. Una vez que se hubo instalado en su casa, sintió una gran pena por no poder celebrar una gran fiesta para su pueblo, ya que en la isla no quedaba nadie más que aquellos que estaban bajo su tutela. La vieja bruja lo había destruido todo. Evidentemente no pensó en matar a Cathal (como había pensado hacer al principio, cuando éste se presentó en su casa), sino que le ofreció la mitad de sus posesiones. Sin embargo, Cathal no aceptó su ofrecimiento, pues sabía que iba a ser más rico que el propio caballero. Después de darse sus bendiciones y desearse suerte, Cathal le dejó atrás y le dijo que si seguía con vida volvería a visitarlo. Con ánimo alegre, llegó pronto a casa. Cuando llegó al palacio del padre de Leámuinn, todos le dieron la bienvenida. Pensaban que se habría perdido entre losas y que habría acabado hecho un amasijo.[81]**

Pero ocurría que Leámuinn, además de a Cathal, había enviado a otro hombre a correr la misma aventura, y éste había regresado con las cabezas de la vieja bruja y de la serpiente gigante, por lo que consideraban a éste el mejor héroe que había sobre la faz de la tierra. También les había contado que Cathal estaba muerto, y ahora estaban a punto de celebrar la boda. En esto que apareció el hijo de la viuda, pero como no traía ninguna cabeza consigo, Leámuinn no le creyó ni una palabra.

—Yo les corté la cabeza –dijo Cathal–, y después les corté la punta de la lengua y a las pruebas me remito, ¡aquí están las puntas

---

81 * Molido como la harina y convertido en una masa.

de las lenguas que les corté después de haber vencido a la bruja y a la serpiente!

El rey miró con detenimiento las bocas de las cabezas y se dio cuenta de que, efectivamente, les faltaban las puntas de las lenguas, a lo que dijo inmediatamente: «Cathal ha sido quien lo ha hecho» y entonces éste le contó a la hija del rey todo lo que el caballero le había contado, y le creyeron. Leámuinn puso sus brazos alrededor del cuello de Cathal y, abrazándolo, se lo acercó a su corazón.

Lo llenó de besos,

lo mojó con sus lágrimas

y lo secó con finos paños de seda

traídos de oriente.

Y cuando el otro caballero vio que era despreciado, empezó a despotricar contra el rey. En eso que el hijo de la viuda alargó su mano y le propinó un buen golpe por debajo de la barbilla, y ya no volvió a abrir la boca jamás.

Para resumir esta larga historia: celebraron la boda y todo el mundo fue invitado. Después de la boda, el hijo de la viuda llevó a su mujer y a su madre al palacio de la vieja bruja, pues ahora todo su oro, toda su plata y todos sus tesoros les pertenecían a ellas, a sus hijos y los hijos de sus hijos.

Ellos se equivocaron de camino y yo cogí el camino correcto. Ellos murieron y todavía yo no he llegado a mi féretro. Y si todo esto son mentiras, entonces que el perro se las trague.[82]

Al comienzo, el cuento ilustra un complejo materno positivo originario que se ha prolongado durante mucho más tiempo de lo habitual. Este complejo se pudo mantener vivo de una manera tan pura porque el padre murió poco después la boda. «Como la mujer se sentía muy sola cuando tuvo al niño, lo quería tanto…». Durante veintiún años lo amamantó, y aunque estas palabras hayan de entenderse de forma metafórica, tienen un profundo significado. La soledad de las personas de referencia puede ser la causa de que a los niños no se les permita desarrollarse para alcanzar la autonomía que corresponde a su edad. Con

---

82   De: *Irische Volksmärchen* [Cuentos populares irlandeses], 1969, pp. 265 ss.

veintiún años, Cathal se dio cuenta de que su madre «entraba ya en la edad de la demencia», y pensó que había llegado la hora de ocuparse de su madre, así que se levanta de la cama, aun en contra de la algo debilitada oposición de la madre. La pregunta que le hace ésta a su hijo de que si no había sido desobediente por abandonar la «cestita» ya no surte efecto. El sentimiento de compasión hacia su madre es lo que le mueve a abandonar la cama; la compasión, sí, pero también la disposición a ayudar, que es también un sentimiento que forma parte del complejo materno positivo originario.

El joven busca trabajo en el palacio y sabe bien cuáles son sus capacidades: hará el trabajo de doce hombres y por eso quiere cobrar lo mismo que doce hombres juntos. Trabaja construyendo los muros del palacio, el muro de una casa nueva, que marcará una clara separación entre el interior y el exterior. Desde un punto de vista simbólico, esto quiere decir que el joven está trabajando en la delimitación del complejo del yo, es decir, que está delimitando el espacio de su propia personalidad. Lo que la cestita de la madre fue en su delimitación y en su poder protector, ha de convertirse ahora en un palacio que tendrá un tejado.

Para construir el tejado hay que traer madera a lomos de la enorme serpiente que se esconde en el bosque, y quien lo logre, se casará con la hija del rey. Cathal quiere probar suerte después de haber demostrado que sabe trabajar duro, que sabe hacerse respetar y que sabe ganarse el sustento suyo y de su madre; todo ello ha de entenderse como expresión de una actividad egoica responsable. Así, en las vivencias y las demostraciones se aprecia la diferencia entre el complejo del yo, por un lado, y la eficacia llevada a cabo en el mundo, que sólo la podrá aportar una personalidad individual. De esta forma, se manifiesta cada persona como ella misma como tal.

Pero su evolución debe continuar: se trata además de que él sea capaz de iniciar una relación con una mujer de su edad, lo que simbólicamente quiere decir que entre en contacto con su ánima, su fascinante figura interior femenina, la cual le da la posibilidad de amar a otra mujer que no sea su madre. La madre no está precisamente encantada con sus pretensiones y le avisa de que la serpiente gigante ha matado a mucha gente desde la gran inundación. Sin embargo, él tranquiliza a su madre recordándole –y elevando a la vez su autoestima– que ella lo amamantó durante veintiún largos años y que por eso ahora tiene en sus huesos la fuerza de cien hombres; que, en cuestión de fuerza, no hay nada en el mundo que le pueda dar miedo. Ya no tiene la fuerza de doce hombres, sino la de cien, es tan fuerte que no tiene que temer a nada en este mundo. También es descrito como un hombre de gran belleza; es fuerte y hermoso y muy seguro de sí mismo. Esto es consecuencia de haber sido alimentado en exceso. Se siente en plena posesión de su fuerza, convencido de poder solucionar cualquier problema, pero eso tendrá que demostrarlo. Las tareas que ahora se le presentan están todas relacionadas con la confrontación con todo aquello que estaba excluido del sistema madre-hijo: tiene que utilizar a la serpiente gigante y después matarla, tiene que averiguar por qué el caballero de la triste sonrisa lleva siete años sin reír y tiene que traer una prueba de la muerte de la horrible vieja de los dientes fríos. Si no consigue realizar estas tareas, morirá. Éstos son, por lo tanto, los aspectos de su personalidad que permanecen en la oscuridad, la otra cara de la moneda de los excesivos mimos con que le obsequió su madre. ¿Qué significa cada una de estas estaciones?

En un gran lago en medio del bosque vive la serpiente gigante y cuando sale del agua devora todo lo que está a su alcance para no tener que volver a salir a cazar en un tiempo. Parece sencillo engañar a la gigantesca serpiente, aprovecharse de ella y después matarla. Consigue superar lo que podría interpretarse como una gran tendencia a la regresión: identificar y vencer la tentación de rendirse a la pereza, aniquilarla y ponerla a su servicio a través de la agresión. Es un rechazo que parece casi maníaco, que consiste en un trabajo enorme dirigido en contra del peligro de permanecer en un estado de pereza que se podría calificar de metafísico y, de vez en cuando, atreverse a salir de ella para buscarse el sustento. En esta serpiente se expresa el efecto del lado oscuro del complejo de la madre nutriente. Podría dejarse llevar por una vida de parásito vago, voraz e indiferenciado, ávido de cualquier cosa que pueda ser devorada. Pero él lucha contra esta posibilidad porque cuenta con la promesa de que, si lo hace, conseguirá a la hija del rey. Las personas con complejo materno positivo originario sólo luchan contra estas tendencias regresivas si se les promete que su calidad de vida, y sobre todo la intensidad con la que vivirán su vida, puede mejorar de forma decisiva.

Tienen energía suficiente para hacerlo, pero tienen que ver muy claro que estas tendencias regresivas, que se manifiestan también en ensoñaciones –las cuales nunca llegan a estar tan cerca de las emociones como para poder realizarse– ponen su vida en peligro. Sólo entonces podrán movilizar las fuerzas extraordinarias que, efectivamente, poseen.

Cathal pensaba que después de haber hecho todo esto ya había superado todas las pruebas y que podría casarse con la hija del rey, pero ésta no lo ve así: sabe que él aún tiene que afrontar problemas de los que no es consciente, antes de poder ser capaz de establecer una relación con alguien. Con buen ánimo se embarca rumbo al este de la India. Y aquí se aprecia de nuevo la energía que está presente en este sistema: sólo un tercio de la energía procede de «los golpes de remo», los otros dos tercios los aporta el viento, es decir, los elementos. De esta manera, se hace evidente la buena relación con la naturaleza, el estar integrado en ella. Pero también se mezcla otro elemento nuevo entre estos elementos embravecidos: «Delante de él veía un mar verde azulado, rojo como la sangre por detrás. Y durante su búsqueda del caballero de la triste sonrisa se empezó a dar cuenta de lo solo que se encontraba. Su alegría se apagó cuando se puso a pensar que estaba allí sin madre ni esposa, sin casa ni hogar. Pero juntó todas sus fuerzas y siguió caminando». Si anteriormente el estar solo lo afrontaba con buen ánimo, ahora se da cuenta de que está solo, sin madre ni esposa, sin un lugar donde quedarse. Pero a pesar de que su buena disposición vital sufre un severo golpe, él continúa, «junta todas sus fuerzas». El color rojizo del mar, que recuerda a la sangre, y los sentimientos de abatimiento y de carecer de un hogar indican que el joven ha entrado en contacto con el desánimo que habita en su interior, algo típico del complejo materno positivo originario cuando el mundo y la vida ya no se muestran como esa madre bondadosa y que provee de todo, o cuando no hay una recompensa inmediata después de haber realizado un acto heroico, como en el caso de la victoria sobre la serpiente gigante. Como expresión gráfica de este abatimiento llega a unos edificios cubiertos de una espesa capa de musgo, es decir, que llevaban ya mucho tiempo deshabitados. Cuando por fin encuentra una forma de acceder a este complejo de edificios abandonados, o quizás encantados, ve a una mujer de avanzada edad con cara afligida y a un «hombre delgado y alto, tumbado boca arriba en medio de la cama y con gesto imperturbable».

El hombre se levanta de la cama de un salto y lo agarra por el cuello. «Los dos enormes hombres pelearon como nunca antes se había visto en la tierra». Cathal sentía que no tenía a nadie que le pudiera «secundar y apoyar, pensó en su madre, a la que había dejado en casa sola, y entonces se adueñó de él una desesperación enfurecida. Con un inmenso esfuerzo empujó hacia el fuego al «hombre que estaba en la cama», y cuando éste sintió el dolor de las quemaduras le prometió que haría todo lo que Cathal le pidiese.

Aquí se advierte claramente hasta qué punto sigue siendo una realidad el «hombre que está en la cama» contra el que tiene que luchar. Cathal se encuentra aquí con su *alter ego*, la parte de su personalidad que no quiere levantarse de la cama. El que Cathal no se lamente por su falta de fuerzas, sino por no tener a nadie cercano y que le pueda ayudar, es típico del complejo materno positivo originario, así como también lo es el hecho de que el mero recuerdo de su madre sea suficiente para movilizar las fuerzas que necesita para sobrevivir.

El hombre al que se enfrenta, a quien hay que ver como una imagen de la personalidad en la sombra de Cathal, tan sólo tiene que decir su nombre. Él es el hombre al que estaba buscando, el «caballero de la triste sonrisa». Cathal le cura las quemaduras de un soplido y se quedan observándose el uno al otro. Entonces Cathal escucha a una mujer dando fuertes alaridos «y creyó que el cielo y la tierra estaban luchando, tal era el temblor de las paredes», y mientras eso ocurría, el caballero tenía el rostro desencajado. El sufrimiento del caballero se manifiesta cada vez con mayor claridad. Además hay una perturbación que se hace patente de una manera inquietante. Al decir que el cielo y la tierra –dos elementos que con tanta frecuencia se entienden como la encarnación del principio femenino (la tierra) y del masculino (el cielo)– estaban luchando entre sí, nos indica lo difícil que les resulta a estos dos hombres unir ambos principios. También se hace evidente que nos estamos acercando al clímax de la historia, a la confrontación con el aspecto más esencial de la problemática, pues ahora están presentes los cuatro elementos.

En un corral redondo en medio del bosque, Cathal se encuentra con una mujer vieja y corpulenta que tiene espuma en la boca, una figura que le llena de espanto. Ella aparece como una figura destructora, no obstante, le da a elegir entre luchar o dejarse destruir de forma pasiva.

Entonces ambos inician una lucha como nunca antes se había visto, no dejaron piedra sobre piedra, «Lo que estaba duro se tornó blando y de las duras piedras manaba agua». Es una imagen curiosa que no se espera en una situación de lucha, en la que se trata de ver quién se impone sobre quién: esa mujer, la encarnación de la fuerza destructora, de la codicia con la que, como vamos descubriendo poco a poco, sometió y quemó la isla hasta que nadie pudo vivir en ella. Cathal podría ser vencido por esa fuerza destructora. Pero a través de la lucha se van abriendo nuevos recursos. Al llegar la tarde, las fuerzas de Cathal se debilitan y sólo cuando se da cuenta de que no había nadie que lamentara su pérdida cobró nuevas fuerzas. Pero no fueron suficientes. Cuando la vieja ya está a punto de celebrar su victoria, llega un pajarito, se posa sobre el cartílago de la nariz de la vieja y le da un picotazo en los ojos; la vieja pierde sus fuerzas y entonces el joven la mata.

«De alguna manera todo se irá arreglando» es una frase que repetidamente he puesto en relación con el complejo materno positivo originario. Y esto se aplica con más razón en el caso de Cathal, quien ha hecho todo lo humanamente posible, y si esto no resulta suficiente, llega una ayuda inesperada, la feliz coincidencia: no ver las cosas con los ojos de la bruja, no tener ya la perspectiva de esta fuerza destructiva. «El caballero de la triste sonrisa» ha luchado inútilmente contra ella, pero al menos ha salido con vida. Él, que durante siete años no ha tenido ningún motivo para sonreír, ha estado bajo el dominio de esta fuerza destructora que no permitía ninguna forma de vida y destruía el espacio vital, que expulsaba a las personas e incluso las quemaba, igual que Cathal tuvo que estar durante veintiún años en su cama solo. Por lo tanto, la aflicción procedía de tener que destruir los propios medios de subsistencia y de que el poder que emana de ello era más fuerte que su resolución para configurar su propia vida.

Pero eso no es todo: hay un motivo para su triste sonrisa y para el tono amenazador de su risa, que si normalmente señala el hecho de que la persona se alegra, en este caso expresa más bien que la alegría, si es que llega a expresarse, está unida a la rabia y al dolor. Durante siete años no se ha oído esta risa. «El caballero de la triste sonrisa» cuenta su desgracia: era rico, muy rico, había otros habitantes en la isla, la gente se relacionaba con normalidad. Pero entonces la «liebre con el mal aliento» atrae al caballero y a sus lacayos hasta un valle que se abre y los traga. De pronto se encuentra delante de veinticuatro ladrones que exigen que realicen una hazaña, algo que no consiguen llevar a cabo; el caballero cuenta que entonces los ladrones se rieron de ellos y que hechizaron la isla, a todos sus lacayos, a excepción de la anciana mujer que le servía y a él mismo, que desde ese momento quedó tendido en la cama y no volvió a levantarse. Por si esto fuera poco, la horrible vieja lanzaba todos los días sus horribles alaridos.

Cathal tranquiliza al caballero diciéndole que ya había matado a la vieja, y cuando ambos estaban a punto de saborear una apetitosa comida, aparece por delante de la ventana la liebre con el mal aliento. La persiguen montados en los caballos de la vieja bruja, hasta llegar de nuevo al mismo valle de la otra vez, pero ahora Cathal supera con asombrosa facilidad todas las pruebas a las que le someten. Ahora es el cabecilla de los ladrones el que tiene miedo y sólo gracias a la intervención del caballero salva su vida, ya que éste anteriormente le había perdonado la vida al caballero.

La liebre pasa por ser un animal miedoso y asustadizo; también encarna el principio de la fertilidad, pues fue sacrificada en honor a Afrodita; pero al mismo tiempo es el animal de Artemisa, considerada la madre de todas las brujas,[83] y esto indica de nuevo que lo que es una forma de feminidad salvaje, independiente y sensual fue señalada como bruja, simplemente por miedo. De todas las formas, hay una relación entre la liebre intimidante, la bruja y el ladrón. La liebre podría representar la parte asustadiza, que también está relacionada con una parte destructora, la cual se activa cuando las personas se mantienen ligadas al complejo materno positivo originario durante demasiado tiempo. Los ladrones viven en el mismo lugar, es decir, en el mismo espacio del complejo. Es fácil perseguir a la liebre montados sobre los caballos que originalmente pertenecían a la bruja y que aluden a la impetuosa vitalidad que estaba relacionada con esa actitud.

La banda de ladrones simboliza las fuerzas masculinas agresivas, que tienden a desvalorizar a otros hombres; es posible arrebatar a alguien su energía vital y sus ganas de vivir poniéndolo en ridículo, cuestionándole su autoestima. Y ésta es la principal función de los ladrones en esta his-

---

83 *Handwörterbuch des dt. Aberglaubens* [Diccionario de mano de las supersticiones alemanas], p. 1506.

toria. Éstos amenazan, roban, pero, sobre todo, le muestran al «caballero de la triste sonrisa» que no da la talla como hombre.

También forma parte del complejo materno positivo originario el hecho de que el hombre se pregunte si es un hombre de verdad o no. Si es la madre quien le confirma que lo es, no le sirve, y si se lo confirma otro hombre, tampoco le sirve porque la afirmación no proviene de la madre. El hombre con esta impronta del complejo tiene que experimentar que es capaz de afirmarse ante hombres que le hacen de menos, que puede con ellos y que es capaz de responsabilizarse de su propia vida, sobre todo cuando se relaciona con otro hombre con el que ha superado la rivalidad y ambos persiguen una misma meta.

Esta banda de ladrones, una vez que había dejado de estar escindida, se volvió en contra de «el caballero de la triste sonrisa», lo tendió sobre la cama y lo condenó a una regresión depresiva con constantes sentimientos de culpa.

Cathal y «el caballero de la triste sonrisa» consiguen juntos vencer estas fuerzas autodestructivas poniendo todo su empeño en ello.

Muy típico de este cuento es la confrontación con el complejo materno positivo originario, donde el hecho de reflexionar sobre el poder que en él reside hace posible que Cathal vea la sombra de esta impronta del complejo, es decir, su parte atormentada, depresiva y desbordada y los problemas de relación que acarrea. Sólo después de haber visto la sombra es posible terminar con las partes destructivas del complejo, pero es necesario acabar con ellas. El que a Cathal le salga todo tan bien hace que nos pase desapercibido que en todo momento se trata de una lucha a vida o muerte. Si fracasara, en vez de, por ejemplo, ser hechizado, estaría muerto. Llama la atención el hecho de que después de haber conseguido a la hija del rey tras dar muchos rodeos, se va a vivir con su esposa y su madre al palacio de la bruja a la que había matado, cuya fortuna es ahora la suya. Una vez que ha sido vencida la parte destructiva de este complejo, podemos utilizar en nuestro beneficio todos los tesoros que van ligados a él y ya no hay nada que se interponga en el camino de establecer una relación amorosa con una mujer y una relación amistosa con la madre. También hay que señalar que, en el cuento, lo acomplejado no es trasladado simplemente a la persona de la madre, sino que la confrontación comienza precisamente cuando se puede separar a la madre como persona de los efectos que provienen del complejo materno, aquí personificados en la liebre, la bruja y la banda de ladrones.

La pastora de ocas
La evolución femenina ejemplificada en un cuento

Dado que el complejo materno positivo originario daña menos la búsqueda de sí misma como mujer de lo que lo hace en el hombre, los procesos de desapego se desarrollan también de forma menos dramática, como se aprecia en el cuento. Quisiera ilustrar brevemente los diferentes temas del desapego de la mujer del complejo materno positivo originario y sus fases a través del conocido cuento *La pastora de ocas*.[84]

Había una vez una anciana reina, viuda desde hacía muchos años, que tenía una hija muy hermosa. Al hacerse mayor, la prometieron a un príncipe de un país lejano y cuando llegó el tiempo convenido para casarse y la joven tenía que partir, la reina madre le preparó un ajuar precioso, con oro y plata, jarrones y joyas; era, en una palabra, una dote digna de una princesa real, pues la anciana reina quería a su hija con todo su corazón. Diole también, para que la acompañase y sirviese, una doncella como ayudante de cámara quien, además, sería la encargada de entregar a la princesa en manos del novio. Cada una de ellas recibió un caballo, pero el de la princesa tenía el don de hablar y se llamaba Falada. Llegada la hora de la despedida, la madre entró en su alcoba, cogió un estilete y se hizo un corte en un dedo para que sangrara; después puso un trocito de tela debajo de sus dedos y recogió en él tres gotas de sangre y luego lo dio a su hija, diciéndole: «Hija mía, guarda estas gotas de sangre cuidadosamente; puedes necesitarlas durante el camino».

Separáronse madre e hija con abundantes lágrimas. La princesa se guardó la telita con la sangre en su pecho, montó sobre su caballo y emprendió el viaje hacia la corte de su prometido. Cuando llevaban una hora cabalgando sintió una intensa sed y dijo a su doncella:

—Apéate y lléname de agua del arroyo la copa que has traído para ello; quisiera beber.

---

84 Para una interpretación detallada del cuento, veáse Kast, 1982 [2], pp. 37 ss.

—Si tenéis sed —respondiole la doncella—, apeaos vos, acercaos al agua y bebed. Yo no quiero ser vuestra criada.

La princesa, acuciada por la sed, bajó del caballo y, arrodillada en la orilla, bebió directamente del riachuelo, sin usar la copa. Luego exclamó:

—¡Dios mío!

Y las tres gotas de sangre le respondieron:

—Si tu madre viese esto, el corazón le estallaría en el pecho.

Pero, humilde como era la princesita, guardó silencio y volvió a montar a caballo. Siguieron cabalgando y al cabo de varias leguas volvió a tener sed, pues el día era caluroso y el sol, ardiente. Llegaron a otro río, y la princesa repitió a la doncella:

—¡Apéate y sírveme de beber en mi copa de oro! —Pues había olvidado ya las insolentes palabras de la sirvienta.

Pero ésta repitió a su vez, más altanera que antes:

—Si queréis beber, arreglaos vos misma; yo no quiero ser vuestra criada.

Apeose de nuevo la princesa, acuciada por la sed y, tendiéndose sobre el agua, exclamó llorando:

—¡Dios mío!

Y las tres gotas de sangre volvieron a exclamar:

—Si tu madre viese esto, el corazón le estallaría en el pecho.

Y al agacharse para beber, se le cayó de su pecho la tela que contenía las tres gotas y el agua se la llevó, sin que ella lo advirtiese, angustiada como estaba. Pero la camarera sí lo había visto y se alegró, porque ello le daba poder sobre la princesa, quien, al perder aquellas gotas de sangre, se había quedado débil e impotente. Al disponerse a subir nuevamente sobre su caballo Falada, dijo la doncella:

—A Falada lo montaré yo y tú te subirás sobre mi rocín.

Y la princesa hubo de resignarse. Después de esto, mandole la doncella que se quitase sus reales vestidos y se pusiese los suyos feos y deslucidos y, finalmente, la obligó a jurar, con el cielo por testigo, que en la corte del rey no diría nada de todo aquello a nadie; y si se hubiese *negado a prestar el juramento, la habría asesinado allí mismo. Pero Falada lo presenció todo y lo guardó en la memoria.*

Montó, pues, la doncella sobre Falada, y la novia auténtica sobre el jamelgo, y así prosiguieron hasta llegar al palacio real. Grande fue el regocijo a su entrada, el príncipe salió presuroso a recibirlas y ayudó a la doncella a apearse del caballo, tomándola por su prometida. Luego la condujeron arriba, mientras la verdadera princesa se quedaba abajo. Al asomarse a la ventana el anciano rey y ver a la joven en el patio, tan hermosa y con un aspecto tan distinguido y delicado, entró en las reales habitaciones para preguntar a la novia quién era la joven que la acompañaba.

—La encontré en el camino y la puse a mi servicio para que me acompañase; dadle algún trabajo, que no permanezca ociosa.

Pero el viejo rey no tenía ocupación para ella, y sólo se le ocurrió decir:

—Tengo un muchacho encargado de guardar las ocas, que vaya a ayudarle.

El mozo se llamaba Conradito y, desde ese día, la auténtica princesa estuvo encargada de ayudarle.

No tardó la falsa novia en decir al príncipe:

—Amado mío, quisiera pedirte que me concedas una gracia.

—Te la concederé gustoso –respondió él.

—Pues ordenad al verdugo que corte el cuello del caballo que yo monté, pues me ha fastidiado durante el camino.

En realidad, lo que temía era que el animal hablara y descubriese lo sucedido a la princesa. Así, el leal Falada tuvo que morir. Al enterarse de ello, la verdadera princesa prometió al verdugo una moneda de oro a cambio de un pequeño servicio. En la ciudad había una gran puerta oscura, por la que ella debía pasar cada mañana y cada anochecer con sus ocas; así que le pidió al verdugo que clavase la cabeza de Falada en aquella puerta, para que ella pudiese verla a menudo. Así se hizo, y la cabeza del noble caballo quedó clavada en el lúgubre portal.

Cuando, de madrugada, la princesa y Conradito pasaron bajo el portal, dijo ella:

—*¡Oh, Falada, colgado aquí tristemente!*

Y respondió la cabeza:

—*¡Oh, princesa, cómo te trata esa gente!*

»*Si tu madre lo supiera,*

»*de la pena se muriera.*

Salió ella de la ciudad y se fue con el mozo al campo, a guardar las ocas. Al llegar al prado sentose sobre la hierba a peinar sus cabellos, que eran de oro puro; y Conradito gozaba contemplando su brillo. Quiso arrancarle algunos cabellos, pero ella dijo:

—*Sopla, sopla, vientecito,*

»*quítale el sombrero a Conradito*

»*y fuérzalo a correr por el prado*

»*hasta que yo me haya peinado*

»*y de nuevo acicalado.*

En el mismo instante se levantó un fortísimo viento que se llevó el sombrero de Conradito y obligó al mozo a salir corriendo detrás de él durante largo rato; y cuando volvió, ya había terminado de peinarse y arreglarse la joven muchacha, por lo cual el mozo se quedó sin sus cabellos. Enfadado, dejó de hablarle, y así cuidaron a las ocas hasta el anochecer, cuando regresaron a palacio.

A la mañana siguiente, cuando pasaron de nuevo por el portal, dijo la doncella:

—*¡Oh, Falada, colgado aquí tristemente!*

Y Falada respondió:

—*¡Oh, princesa, cómo te trata esa gente!*

»*Si tu madre lo supiera,*

»*de la pena se muriera.*

Ya en el prado, volvió a sentarse sobre la hierba y a peinarse. Acudió Conradito para arrancarle unos cabellos; pero ella dijo rápidamente:

—*Sopla, sopla, vientecito,*

»*quítale el sombrero a Conradito*

»*y fuérzalo a correr por el prado*

»*hasta que yo me haya peinado*

»*y de nuevo acicalado.*

Púsose a soplar el viento, llevándose el sombrerito de la cabeza del mozo, el cual hubo de correr en su persecución, y cuando volvió, la muchacha hacía ya buen rato que estaba lista con su peinado, con lo que Conradito no pudo salirse con la suya. Y así estuvieron cuidando a las ocas hasta el anochecer.

Pero, cuando hubieron regresado a palacio, Conradito se presentó al anciano rey y le dijo:

—*No quiero seguir cuidando ocas con esa muchacha.*

—*¿Y por qué? –preguntole el rey.*

—*Porque se pasa el día haciéndome rabiar.*

Entonces el anciano rey le mandó que le contase lo ocurrido, y Conradito le dijo:

—*Cada mañana, cuando pasamos con el averío por debajo de la puerta oscura, se dirige a una cabeza de caballo que hay clavada en ella y le dice:*

»*«¡Oh, Falada, colgado aquí tristemente!».*

»*Y la cabeza responde:*

»*«¡Oh, princesa, cómo te trata esa gente!*

»*Si tu madre lo supiera,*

»*de la pena se muriera».*

Y de este modo siguió Conradito contando lo que sucedía en el prado, y cómo había de correr siempre tras su sombrero.

El anciano rey le ordenó que al día siguiente volviese a salir con el averío, y el propio rey, al rayar el alba, se escondió detrás de la puerta, desde donde pudo oír las palabras que se cruzaron entre la muchacha y la cabeza de Falada. Luego siguió a los dos hasta el prado, ocultándose en un matorral. Pronto pudo contemplar con sus propios ojos cómo el muchacho y la moza llegaban con las ocas y cómo, al poco rato, ella se sentaba en la hierba y se soltaba el cabello, y cómo irradiaba éste un resplandor dorado. Enseguida repitió la doncella:

—*Sopla, sopla, vientecito,*

»*quítale el sombrero a Conradito*

»*y fuérzalo a correr por el prado*

»*hasta que yo me haya peinado*

»*y de nuevo acicalado.*

Inmediatamente se levantó una ráfaga de viento y se llevó el sombrero, obligando al muchacho a emprender una larga carrera hasta recuperarlo, mientras la moza se peinaba los bucles. El anciano rey lo presenció todo. Retirose luego sin ser observado, y cuando, al anochecer, regresó la pastora de ocas, la llamó aparte y le preguntó la razón de su proceder.

—No puedo decíroslo –respondió ella– ni revelar mi desgracia a nadie, pues lo juré con el cielo por testigo, de otro modo habría perdido mi vida.

El rey insistió y porfió para que hablase; pero, viendo que no lograba sacarle una palabra, le dijo, al fin:

—Pues si no quieres confiármelo a mí, ve a contar tus penas a la estufa. –Y se alejó.

—Sí, lo haré –contestó la princesa.

Acercose la princesa a la estufa, y, entre lamentos y lágrimas, desahogó su corazón contando todo lo que le había ocurrido y cómo había sido engañada por la pérfida camarera. Pero la estufa tenía un agujero en la parte de arriba y el rey lo estaba escuchando todo a través de él, y así fue como se enteró de su desgraciado destino. Volvió al aposento y le mandó que saliese de la estufa; pusiéronle vestidos propios de una princesa, y entonces quedó de manifiesto su maravillosa hermosura. El anciano rey llamó entonces a su hijo y le reveló la falacia de su presunta prometida, que no era sino una vulgar sirvienta, mientras la novia verdadera, que estaba allí presente, hubo de estar cuidando ocas durante todo aquel tiempo. El joven príncipe sintió una gran alegría al verla tan bella y virtuosa, y preparó un gran banquete, al que fue invitado todo el mundo y también sus mejores amigos. A la cabeza de la mesa sentose el novio, el cual tenía, a su lado, a la princesa, y al otro, a la doncella, la cual, deslumbrada, no reconoció a su rival bajo sus magníficos atavíos. Una vez hubieron comido y bebido, reinando gran animación entre los comensales, el anciano rey planteó un acertijo a la doncella. ¿Qué merecía una persona que hubiese engañado a su señor de tal y cual manera?; y después de detallarle todo el caso, acabó preguntándole:

—*¿Qué sentencia dictaríais contra esta persona?*

Y respondió la falsa princesa:

—*No merece sino que se la desnude completamente y se la encierre en un barril cuyo interior esté erizado de agudos clavos y que, tirado por dos caballos blancos, sea paseada por todas las calles de la ciudad, hasta que la malvada haya muerto.*

—*Pues ésa eres tú –respondiole el rey–, y en ti va a cumplirse la sentencia que acabas de pronunciar.*

Y, cuando se hubo cumplido, celebrose le boda de los jóvenes príncipes, y ambos reinaron en paz y felicidad.[85]

El cuento comienza con una anciana reina cuyo marido murió hace ya mucho tiempo y que tiene una hija. La madre promete a la hija a un príncipe «de un país lejano». En este cuento, la madre se encarga de que la separación se lleve a cabo y, además, la muchacha tiene que recorrer un largo camino hasta llegar al país en el que vive el príncipe, algo que es inusual en los cuentos. Es decir, que la muchacha tiene que vivir unas cuantas experiencias antes de comenzar una relación con el príncipe. El camino es lo interesante aquí.

La princesa recibe un gran tesoro que tendrá que llevar consigo a lo largo del camino: oro, plata y joyas. El complejo materno también alberga una gran abundancia, dota a la hija de riqueza y abundancia. Además, la acompaña una doncella –de nuevo una figura maternal para cuidarla, aunque no es una madre– y un caballo hablador, llamado Falada. Señal del enorme vínculo existencial entre madre e hija es un pañuelito con tres gotas de sangre de su madre que ésta le entrega diciéndole que lo conserve para que la ayude en caso necesario. La princesa se lo guarda en el pecho, allí donde se guardan tanto las cosas de valor como los secretos.

Por lo tanto, en la escena inicial de este cuento, nos encontramos con una joven muchacha que está claramente marcada por el complejo materno positivo originario: está bien provista de bienes materiales, es rica, posee más de lo que necesita y tiene una buena disposición vital que se refleja en su caballo Falada. Los caballos son el símbolo de nuestra forma de relacionarnos intuitivamente con nuestro cuerpo, de nuestra manera de interpretar y experimentar la energía de nuestro cuerpo, pero también de cómo nos relacionamos con nuestras emociones y nuestro

---

85 Hermanos Grimm, *Kinder- und Hausmärchen* [Cuentos para la infancia y el hogar], pp. 321 ss.

inconsciente. La princesa es vital, fuerte, dinámica, está en unión con su cuerpo y por eso es probable que cuando se encuentre en situaciones de peligro su cuerpo la avise, tendrá presentimientos y los tendrá en cuenta. Además, también tiene una buena relación con su inconsciente, pues su caballo hablador es blanco. El caballo recuerda muy claramente a un buen campo materno «blanco» que ha sido interiorizado por la princesa y al cual puede recurrir en caso de necesidad. En el pañuelito con las gotas de sangre se aprecia que aún tiene una especie de unión mágica con la madre personal.

La muchacha sale fuera a enfrentarse con la vida, bien provista materialmente, y aun así, nada más salir, cae en manos de la doncella, que se revela como la parte de la sombra de la princesa. Como cualquier hija marcada por un complejo materno positivo originario, la princesa se sorprende de que una mujer pueda ser tan mala. Si se contempla a la doncella como una instancia intrapsíquica de la princesa, es decir, como una representante de varios aspectos de su sombra unidos, entonces esto significa que la princesa hasta ese momento ha estado ciega con respecto a su propia sombra, especialmente con respecto a sus ansias de poder y las agresivas ambiciones que nacen de éstas. El todo que persiguen quienes están marcados por el complejo materno positivo originario tiene siempre un clarísimo componente de poder en sí mismo, pues ¿qué es más poderoso que el todo? Pero dado que se «tiene» ese todo, o al menos se exige tenerlo, porque desde la cuna se ha tenido derecho a ello, la mayoría desconoce hasta qué punto se aferra a él, hasta qué punto está obstinada con él, y esto es así sobre todo cuando alguien los amenaza con quitárselo. Mientras nadie les estropee ese sentimiento vital, los individuos con esta impronta del complejo no tendrán que hacer uso de su poder, pero lo harán cuando alguien los amenace con quitárselo.

En el cuento, la doncella asume el mando, es decir, que la princesa es dominada por su sombra. Ya no se identifica con el complejo del yo consciente, que sigue claramente vinculado al complejo materno, sino con aquello que fue relegado en esa impronta del complejo y que fue desterrado a una posición servicial. Por eso, el pañuelo con las gotas de sangre, es decir, el vínculo con la madre, es arrastrado por el río de los sucesos.

Por lo general, para deshacerse de los complejos maternos y paternos, independientemente del matiz que tengan, es necesario integrar las sombras, es decir, aquellos elementos que no se han tenido en cuenta debido a la época concreta en la que estas improntas se produjeron, y en la que surgen valores colectivos.[86] Esto es porque al quedar marcado por un complejo materno originalmente positivo, la agresión, es decir, lo que nos separa y, con ello, también lo oscuro, que desde el punto de vista de un ideal no puede ser aceptado, están claramente separados. Se diría que este hecho es inmanente al complejo. Por eso, en el proceso del desapego la sombra se convierte en dominante y no es infrecuente que se produzca una identificación pasajera con ella. Esta identificación con la sombra se manifiesta de una forma muy ilustrativa en el cuento: la princesa ya no puede seguir montando a Falada; antes era una persona instintiva, ahora carece de instinto. La princesa también tiene que ponerse la ropa de su doncella, lo que quiere decir que se ha producido un cambio de personalidad claro y evidente y esto queda reflejado también en la apariencia externa. Por último, tiene que jurar que nunca contará a nadie nada acerca de ese cambio de personalidad. En este juramento se encuentra la semilla de la salvación, pues al prestar juramento está nombrando lo que ha ocurrido y, de este modo, se hace consciente de que ella no es la doncella, aunque así lo parezca. Con este juramento reconoce que su condición actual no representa su naturaleza al completo, que ella no es la bestia que aparenta ser en estos momentos, pero que va a soportar mantenerse en esa identidad-sombra hasta que llegue el momento adecuado.

Ahora apenas sigue vinculada a los valores maternos, al menos Falada sigue estando ahí. Todo lo que en nuestra vida ha recibido la marca del bondadoso campo materno permanece siempre con nosotros, aunque puede que transitoriamente pase a un segundo plano y entonces parezca que se ha perdido, pero no desparece.

En la corte real, el joven rey recibe a la falsa novia como si fuera la verdadera, sin saberlo. En su primer encuentro con lo masculino, la muchacha no puede manifestarse en su verdadero ser y el joven no aprecia nada que le resulta extraño. Sin embargo, el anciano rey observa que «la criada» es bella y delicada y pregunta por ella. El hombre, que es padre, lo ve todo de forma más global que su hijo y esto significa que la personalidad que se formó en la casa materna no se ha perdido del todo.

Dese fuera, la relación entre el joven rey y la falsa novia parece ir

---

86 Kast, 1991, pp. 74 ss.

bien, pero en esta relación no tienen cabida algunos de los valores que constituyen la verdadera riqueza de la princesa.

La auténtica princesa se convierte en una pastora de ocas, tiene que hacer un trabajo normal y corriente. Y es que para las personas con complejo materno positivo originario siempre es importante experimentarse a sí mismo como «normal», pues nadie puede ser «extraordinario» toda su vida. Los animales a los que hay que cuidar –y mientras los cuidamos los vamos conociendo mejor–, ponen de manifiesto cuáles son los aspectos vitales que debemos conocer mejor. Así, las ocas son los animales de Afrodita y por eso se asocian al amor erótico y sexual y a la fertilidad. Pero como a las ocas también les gusta «bañarse» en la suciedad, se las relaciona con los aspectos sombríos del amor sexual. Aquí también se llega a conocer y «cuidar» un aspecto de la esfera erótico-sexual que debió de ser desconocido para la madre, un aspecto que más bien fue incumbencia de las doncellas.

Pero no se trata solamente de un alegre «cuidar» pastoril: la princesa sufre por no ser reconocida. Cada mañana pasa por una oscura puerta para dirigirse al campo. La puerta oscura indica la tristeza por la situación actual, pero también despierta la esperanza de que se trate de una situación transitoria. Cuando la camarera ordenó matar a Falada con un pretexto poco convincente –extremo que no es capaz de reconocer el príncipe–, la auténtica princesa se acuerda del caballo y entonces interviene de forma activa. Ahora se acuerda de algunas partes de su personalidad que, sin duda, fueron esenciales y útiles en su vida tiempo atrás, y el volver a vincularse a ellas ahora implica que ya ha superado el punto más bajo de su identificación con la sombra, aunque en realidad no haya habido ningún cambio concreto en su vida. Mientras ella lamenta la situación de Falada, Falada se lamenta por ella y le recuerda lo mucho que haría sufrir a su madre esta situación. La pastora de ocas desarrolla empatía hacia su propia situación y de esta manera logra volver a vincularse con aquellos aspectos de su personalidad que no forman parte de su sombra. Pero esto no implica que sea la princesa de antes, pues ahora no sale huyendo hacia la atmósfera del complejo materno; ahora sabe desarrollar actividades normales, sabe subordinarse y tiene ciertos conocimientos de sexualidad y eros. Pues en realidad no sólo cuida ocas, sino que también se relaciona con el joven Conrado y con el anciano rey.

Si una muchacha que está tan unida a su madre no tiene padre ni tampoco hermanos, en el caso de que llegue a establecer una relación con un hombre de su edad, ésta tendrá lugar en la parte de la sombra, tal y como se manifiesta en este cuento en la relación entre la camarera y el príncipe. Para poder desarrollar una relación con un hombre, es necesario experimentar previamente una relación lúdica con lo masculino, pero, por otro lado, también es necesario buscar una figura paterna, y a menudo se buscan ambas cosas en un mismo hombre. Con Conradito, la joven tiene una erótica y divertida relación de seducción y de juego; primero es ella quien lo seduce peinando sus largos cabellos, después hace que el viento vuele el sombrero de su amigo. Entonces el joven Conrado se queja al rey de su comportamiento.

Si observamos esta evolución por fases, veremos que en la psique de la princesa cobran vida dos figuras del ánimus: el muchacho y el rey. El rey representa una figura del ánimus que aún sigue claramente vinculada al complejo paterno. Por el contrario, el pequeño Conrado representa una instancia que encarna el nuevo impulso creador que se está desarrollando en la psique de la muchacha, representa la fascinación del comienzo de una relación erótica con sus típicos movimientos de atracción y aborrecimiento. El anciano rey representa lo digno de confianza, lo tradicional: él se encargará de que esta «inconstancia» alcance un orden. Pero ambos encarnan partes de la personalidad que no estaban activadas en el sistema antiguo. El anciano rey conmina a la pastora de ocas a quejarse –aunque sea a la estufa– por su desdicha; en la más absoluta intimidad tiene que expresar de forma consciente lo que le había ocurrido y tiene que formular su desdicha. De esta forma podría ya terminarse de «hacer» en el horno,[87*] pues el horno simboliza el regazo materno en el que los niños se desarrollan y maduran. Ahora la muchacha está construyendo de forma verbal la relación con su madre.

En comparación con Cathal, esta princesa se encuentra en un punto mucho más tardío de su desarrollo con respecto a su desdicha y se queja, y, al quejarse, se neutraliza la identificación con la sombra; se convierte

---

87 * N. del T.: La palabra utilizada en el alemán original es *Ofen*, que puede designar tanto «estufa» como «horno». En el cuento se dice que la joven princesa fue a desahogar sus penas al *Kachelofen* (un tipo de estufa decorativa muy apreciada en Alemania tanto por su poder calorífico como por su función ornamental, ya que suele estar forrada de baldosas –*Kachel*– finamente ornamentadas). En cambio, en este otro contexto es más adecuada la traducción del término *Ofen* como horno.

ahora en la legítima esposa del príncipe, aunque lamentablemente no se hace referencia al proceso de desvincularse de un complejo paterno positivo.

Volvamos de nuevo a examinar este proceso evolutivo que deriva de un complejo materno positivo originario:

En este caso es la madre quien inicia la separación, anima a la hija a salir fuera y vivir y la equipa bien para ese viaje. Se trata de una forma positiva de expulsión que es expresión de una buena madre. En esos momentos la muchacha es dominada por su sombra, lo que podría estar relacionado con el hecho de que todo lo que tenía cuando estaba con su madre no era su auténtica vida, que el mundo tal y como era antes ya no existe. La expectativa creada por el complejo de que el mundo ha de mostrarse como una madre bondadosa se frustra. La hija reacciona, por un lado, con grandes gestos de poder, pero que no se sustancian en nada real; por otro lado, reacciona deprimiéndose. La impronta original del complejo cae en el olvido. En la parte de su personalidad que reacciona de forma depresiva hace lo que hay que hacer: se vuelve normal y en su confrontación con la sexualidad y el eros desarrolla partes normales, así como un ánimus que aún tendrá que establecerse cerca del complejo paterno. Pero en la otra parte de su personalidad, la que compensa lo anterior mediante gestos de poder, la muchacha no sigue evolucionando. A pesar de experimentar el estar viviendo en la sombra, regresa el antiguo sentimiento vital de protección y riqueza. Ahora sí tiene la posibilidad de unirse a un hombre o a partes de su ánimus que puedan ayudarla a sacar mejor partido de su personalidad en su vida real y a desarrollar sus potencialidades. Las mujeres con un complejo materno positivo originario marcado tienden a idealizar a los hombres, o, por el contrario, a desvalorizarlos, una vez que han dominado su sombra. En todo caso siempre es necesario que desarrollen un ánimus. No obstante, este tipo de mujeres no suele buscar a un hombre, sino que es más bien el hombre quien las encuentra y elige a ellas.

«Padre orgulloso –
hijo maravilloso»

El complejo paterno positivo originario del hijo

De la misma manera que el complejo materno puede estar tan marcado que eclipse por completo el complejo paterno, también puede ocurrir que el complejo paterno ocupe una posición tan dominante que el complejo materno apenas se aprecie.

«Ser hombre está bien»
Frank

Frank es un hombre de cuarenta y nueve años que se caracteriza por tener un complejo paterno positivo originario muy marcado y un complejo materno muy poco patente. No está siguiendo ninguna terapia y tampoco se plantea hacerlo. Deduzco que tiene este complejo porque casi siempre cuenta lleno de orgullo una historia de su infancia relacionada con su padre. En su trabajo está rodeado de padres y nunca ha intentado rebelarse ante este hecho, considera que la situación es perfecta. Lo he conocido porque quería realizar conmigo una tormenta de ideas sobre temas de su trabajo. Llamó a la consulta pidiendo una sesión de cuarenta y cinco minutos, pues nunca necesita ni más ni menos tiempo para hacer una tormenta de ideas. Cuando le pedí una entrevista para tratar el tema del complejo paterno decidió hacerme ese favor porque, por un lado, «seguro que se podrá aprender algo de su complejo paterno» y, por otro lado, porque me merecía que me hicieran ese favor. Él suele saber quién se merece que le hagan un favor. Tuve ocasión de entrevistarlo durante cuarenta y cinco minutos.

Frank resulta especialmente alegre y muy cumplidor cuando se trata de resolver cuestiones de la vida exterior. Es eficiente, activo, involucrado, dinámico y tiene muchos conocimientos. Considera útil adquirir conocimientos que le aseguren el liderazgo y mostrar en el momento adecuado que él tiene la solución. Lo de reflexionar sobre preguntas que no tienen una respuesta correcta, o tal vez ninguna, se lo deja a los filósofos y a los psicólogos. Tiene talento, lo sabe y disfruta de ello y además tiene el don de la palabra. Le gusta hablar, habla alto y utiliza muchas palabras. Con sus palabras cautiva a un determinado tipo de mujeres, aunque no esté diciendo nada especialmente interesante, ya que todo lo que dice siempre parece interesante. Cree en el progreso, en el sentido de que no acepta «ni un experimento insensato», y esto casi siempre quiere decir algo así como seguir haciendo como hasta ahora, quizás con un acento diferente o con algo más de acción. Sabe muy bien lo que está bien y lo que está mal, para ello sólo necesita ponerse en situación y compararla con otras que ya se han producido con anterioridad. Él aborda las tareas, actúa, tiene iniciativa y estimula a otros a actuar. Puede resultar muy inspirador, especialmente en cuestión de hechos. No es muy creativo y lo sabe, pero tiene una gran capacidad de transformar en hechos las ideas creativas de otros, siempre que no le resulten demasiado arriesgadas: «Soy especialmente bueno haciendo realidad las ideas de otros y vendiéndolas». Está convencido de que uno es capaz de hacer lo que se proponga. Está muy seguro de su identidad. Sabe de sí mismo que es un hombre de verdad y está bien ser un hombre. Si este convencimiento es cuestionado desde fuera, por ejemplo en discusiones de tipo político-social, Frank considera las pretensiones de esas personas básicamente correctas («todas las personas tienen derecho a los mismos derechos. Las mujeres obviamente también son personas»), pero critica la «desproporcionada» forma de actuar de estos grupos y sus «desproporcionadas» exigencias: «Hasta ahora ha funcionado bien». Durante la conversación llama la atención el hecho de que con frecuencia hable de hombres que le han hecho prosperar. Incluso ahora parece seguir estando rodeado de hombres importantes que de alguna manera le hacen prosperar. Si damos crédito a sus historias, su mundo laboral es un mundo puramente masculino. Esta imagen no se corresponde con la realidad. Es la realidad que él ve a través de los cristales de su complejo paterno, una realidad distorsionada, pues está ignorando al 30 % de los empleados de su ámbito laboral, a las mujeres. Le gusta hablar de su día a día en el trabajo, que tal y como él lo cuenta parece fascinante; al escucharlo uno se pregunta cuánta idealización hay en todo ello, sobre todo en lo que se refiere a los directivos de la empresa, entre los que se encuentra él. Pero en ningún momento pretende destacar sus logros por encima de los de los demás. Él es simplemente un hombre muy eficiente y con un talento extraordinario que se encuentra entre otros hombres excepcionales. Le gusta hablar de su ascenso profesional, que está siendo rápido e incesante. Su preocupación es que no podrá seguir ascendiendo, al menos en los próximos años. ¿Dónde está el siguiente reto? Cuando escribe redacciones se muestra como un auténtico maestro de las citas; una tercera parte de la página es texto, los otros dos tercios son citas a pie de página. Reconoce que cuesta leer sus textos, pero considera que sería una pena no incluir una referencia cruzada de la que tiene conocimiento. No sería correcto.

Aunque en ocasiones critica el patriarcado, no lo hace hasta el punto de tener que analizar su propio comportamiento. Lo critica lo suficiente para que la gente se dé cuenta de que sabe sobre qué versan las discusiones de hoy en día, pero a la vez lo suficientemente poco como para no discutir con nadie más que con las feministas. Pero con ellas apenas se relaciona. Habla muy poco de su mujer y de sus dos hijas, éstas apenas tienen protagonismo en su relato. Tiene la mala conciencia que «se» suele tener cuando se es un directivo y por fuerza se tiene poco tiempo para la familia.

«Mi padre y yo somos uno»
La impronta del complejo

Al igual que Frank, su padre también tenía estudios universitarios. Recuerda que cuando entraba repentinamente en el despacho de su padre, éste al principio apartaba el libro molesto por la interrupción, pero después se le iluminaba la cara al descubrir que era su hijo el que lo interrumpía. Desde muy pronto su padre empezó a hablarle de lo que acababa de leer, aun cuando el hijo no entendía de qué se trataba. Parecía que a Frank esto no le molestaba, pues sentía que su padre le tomaba a él en serio. Muy pronto empezaron a discutir sobre problemas éticos y el hijo fue instruido en el diálogo socrático. Ambos decían entonces: «Hemos tenido una conversación de hombres». Este padre con estudios universitarios se identifica muy claramente con aspectos culturales e intelectuales. A veces Frank también podía ir con él a hacer «cosas de hombres». En especial se acuerda de cómo su padre hacía fuego. «Sabía que era hijo de un padre al que los demás tenían respeto. En casa pensaba: "Papá es la persona más importante en la casa y yo soy su único hijo"». Le pregunté por su madre y sus dos hermanas: «Mi madre se ocupaba extraordinariamente bien de la casa y mis dos hermanas también son buena gente. Pero mi madre y mis hermanas, ésas tenían su propio mundo y mi padre y yo el nuestro. Cuando estaba enfermo vivía en el mundo de mi madre, pero, por lo demás, ella no era importante. El padre era el hombre con carisma en la casa. La madre se encargaba de que nadie lo molestara. Sólo yo podía molestarlo, aunque no siempre, como es lógico». Pensativo, dijo: «Cuando iba de la mano de mi padre, pensaba que mi padre y yo somos uno, que somos parte inseparable el uno del otro». Esta frase me recuerda a una frase de Jesucristo.[88]

Le pregunté por los sentimientos que acompañaban a este sentimiento de ser uno con su padre; se trataba de sentimientos como «Yo soy alguien y voy a demostrar que también puedo convertirme en alguien como mi padre, quizás también pensaba que quería ser digno de ese padre».

Con mucha prudencia le pregunté por la posibilidad de que esa frase pudiera ir acompañada de un sentimiento de gran protección y de sentirse a salvo. Pero se trataba más bien de un sentimiento de orgullo, el sentimiento de tener agallas, de ser importante y por ello también intocable.

Este complejo paterno positivo originario fue inspirado por un padre que tenía una clara predilección por su hijo y que era el representante de las normas colectivas, una autoridad que estimulaba el vínculo con el ideario de la humanidad, con el hecho cultural y el social, un padre que siempre tomaba la iniciativa y era importante.

Le pregunté por conflictos, es decir, por frases de complejo en sentido estricto. Franz cuenta que en su adolescencia se inclinó temporal-

---

88 Juan, 10: 30: «Yo y el Padre somos uno».

mente por una tendencia política diferente a la de su padre y que tuvo que adoptar una posición muy extrema, ya que su padre, dice, no era en absoluto un conservador unilateral, sino que tenía un gran sentido de la justicia, que era muy sensible a los derechos de los oprimidos. En una ocasión se había posicionado muy claramente en contra del padre, aunque dice no acordarse ya sobre qué cuestión. Sólo recuerda que había firmado junto con otros un panfleto. Recuerda que su padre «le superó ampliamente» en la discusión que mantuvieron y que terminó la conversación con la frase: «¡Tienes la obligación de pensar por ti mismo! Pero si al hacerlo renuncias a ciertos valores, entonces ya no puedo seguir estando orgulloso de ti».

Mientras que en el complejo materno positivo originario la frase es «No puedes abandonarme», en el complejo paterno positivo originario la frase es «No puedes abandonar mi postura, mis valores o mis ideas, de lo contrario ya no podré seguir estando orgulloso de ti».

Una de sus problemas se aprecia en la relación actual que tiene con su padre casi octogenario. «Mi padre sigue estando orgulloso de mí, pero ya ha dicho repetidas veces que está harto de tener que decirme cada dos por tres el hijo tan maravilloso que soy». Dice que en estos momentos, por desgracia, ya no hay mucho que admirar en él, pues está mayor e intelectualmente ya no tan activo como antes, roza el sentimentalismo; que los textos que escribe ya no tienen agudeza ni chispa y que encima se los envía a toda la familia. Estos textos «místicos» ya no le gustan al hijo. «Desgraciadamente, ya no hay nada que admirar en mi padre, pero, por suerte, hay otros hombres a los que sí puedo admirar».

La relación con el padre se basaba en una admiración mutua. Su padre personal le niega ahora esta admiración y Frank reacciona negándosela también a él. Esta experiencia básica del complejo paterno es fácilmente trasladable a otros hombres, pero Frank se mantiene claramente en el papel del hijo que no puede prescindir de la admiración del padre. Se comporta de tal modo que «los padres» puedan estar orgullosos de él y no sentirse amenazados por él. Ayuda a «los padres», respalda su autoestima y, como contrapartida, la suya propia, y también asume responsabilidades. No le interesa relacionarse con hombres más jóvenes, por ejemplo con la nueva generación de investigadores. Su interés sigue estando en los hombres mayores. Pero Frank también visibiliza un problema: «¿Qué hace uno cuando está arriba del todo, cuando tiene puestas sus miras en ascender? En realidad sólo puedes estrellarte. O cambiar de dirección, pero ¿hacia dónde?».

Otra cuestión problemática es el hecho de no rivalizar con los padres. Los acepta como una autoridad y se adapta. Esto les sienta mal a los colegas de su misma edad, quienes consideran que él siempre se pone al sol que más calienta y por ello no se da cuenta de que realmente deberían cambiar determinadas cosas. Frank considera que estos colegas son «envidiosos» e «inmaduros». Tampoco rivaliza con los colegas más jóvenes, pues cree que nadie le puede discutir su posición. Esta fijación con el papel de hijo va asociada a una gran cantidad de energía, sólo que aún no se ha dado cuenta. Lo que podría ser problemático es su postura con respecto a la edad, si es que realmente no es capaz de sacar nada, tampoco nada positivo, de los cambios que ya se hacen visibles en su padre.

También me parece problemática su relación con las mujeres, y es sorprendente que no sea consciente de estas dificultades. En los hombres con un complejo paterno positivo originario, la relación con las mujeres suele complicarse cuando éstas deciden dejar de ser un mero «inventario» de la vida y se rebelan.

Considera que el problema que tiene actualmente es que su situación vital es «muy exigente». Sigue contando con «relativamente mucho reconocimiento, bien es verdad», pero considera que cada vez tiene que hacer más para conseguirlo. La experiencia de tener que esforzarse mucho para conseguir amor y reconocimiento es un sentimiento típico de los hombres y mujeres que están dominados por el complejo paterno. Y, a pesar de todo el esfuerzo y de todo el reconocimiento, no se les dispensa un sentimiento vital oceánico, pues este sentimiento generalmente no forma parte de esta impronta del complejo. La idea errónea es que cuanto más se esfuerza uno, más pronto ha de alcanzar ese sentimiento de protección y de tener repercusión. Pero este sentimiento no se alcanza así, sino más bien a través de la calma y dirigiendo la mirada hacia el mundo de la fantasía, un mundo que en esta impronta del complejo sólo es posible si aporta algo útil. A Frank también hubo que recomendarle que abriera su vida a más aspectos femeninos, que los liberara del menosprecio y que los tomara en consideración en su vida. Para él también sería importante ver en su propio ser los aspectos oscuros de su personalidad y no sólo proyectarlos sobre los demás. Es posible que su existencia como hijo le resulte demasiado exigente y esto abriría la posibilidad de que se hiciera consciente de hasta qué punto vive inmerso en la parcialidad del complejo paterno. Para gente como él es difícil aceptar que les falta dar un paso más en su desarrollo, pues tienen éxito, son apreciados, dominan determinados aspectos de la vida de forma magistral –y aquellos otros que no dominan tan magistralmente son considerados menos importantes, incluso por la sociedad–. Como en toda constelación de complejo, en ésta también es posible que un hombre se identifique menos con la parte del hijo que con la del padre. Desde fuera suele ser difícil determinar si se ha producido el desapego a la edad adecuada, y por lo tanto el hijo sencillamente se parece mucho al padre en talento y actitud, o bien si se ha producido una identificación en el sentido del complejo.

«Gente absolutamente seria»
Bruno

Bruno es un trabajador autónomo de cuarenta y cinco años que acaba de hacerse cargo del negocio de su padre. Irradia una gran fiabilidad y está orgulloso de su empresa y de su trabajo. No para de hablar de todo lo que debe a su padre, de todo lo que ha recibido de él. También le enorgullece que sus clientes le digan que les gusta que sea igual que su padre: fiable, eficiente y no un fanfarrón. Todo esto lo cuenta Bruno, a pesar de que no acude a la consulta para él, sino para su hija que está «fuera de sí», no quiere terminar sus estudios en el colegio, ni «hacer» absolutamente nada y echa en cara a los padres que están terriblemente anticuados y que lo que más le gustaría es irse de casa. Bruno dice que «con sus remilgos» podría dar mar ejemplo a los hijos pequeños (tienen tres más) y echarlos a perder. «Sabe Dios qué es lo que le ha entrado, nosotros somos gente seria, decente y trabajadora». A eso responde, incansable, la hija de diecisiete años: «Justamente». Es obvio que se siente satisfecha por haber conseguido llevar a sus padres a la consulta. Y también es evidente que está a punto de estallar y dinamitar las ataduras del complejo paterno. No es de extrañar que el padre se vea obligado a enumerar todo lo bueno que tiene esta constelación del complejo. A lo largo de la consulta, la hija le hace ver al padre que no ha hecho realidad «ningún sueño propio», quizás tampoco ha tenido ninguno, pero que, en cambio, sí ha cumplido los sueños de su padre.

Este hombre también se caracteriza por su gran fiabilidad, por su sentido de la constancia en la vida, se encarga de que no se desaproveche nada que no deba ser desaprovechado. Da la impresión de que es una persona conservadora en el mejor sentido de la palabra, sin llegar a resultar testarudo. Pero su hija acierta de pleno en su punto conflictivo cuando le reprocha el haber desaprovechado su vida; incluso llega a decirle que no es más que una imitación del abuelo, a quien la hija, no obstante, parece apreciar y tener en buena consideración. En esta confrontación, la madre se limita a observarlo todo callada, y si me dirijo a ella directamente, refuerza la opinión de su marido. Ella tampoco logra entender cómo en una familia en la que hasta ahora las mujeres han sido «tranquilas y sociables», de repente salga una tan «rezongona». No le hace ninguna gracia la idea de que ya vaya siendo hora de que una mujer se articule más claramente y lo achaca simplemente a que su hija va al instituto, ya se sabe, y a los tiempos que corren en general.

«Querer es poder»
Similitudes y desigualdades entre hijos con complejo paterno positivo originario

Independientemente de si el complejo proviene de un padre con complejo paterno o más bien de uno con complejo materno, ambos hijos tienen en común el hecho de que ninguno parece tener necesidad de desligarse. Ambos parecen sentirse seguros en su identidad masculina, aunque son poco flexibles. Su complejo del yo resulta coherente ya que éste se identifica muy claramente con el complejo paterno, y este complejo paterno en gran medida determina lo que, en general, es normal y deseable. Estos hijos también han tomado prestada su identidad del padre, que no tiene por qué coincidir con la suya originaria, y tampoco pueden llegar a ser ellos mismos, pues las frases del complejo dicen más o menos: «Tú eres todo mi orgullo y tú también tendrás éxito si compartes mis valores y los aplicas en tu vida».

Ambos dan la impresión de estar bien amoldados, de ser capaces de amoldarse o de querer amoldarse al mundo de los hombres. Tienen éxito, son pragmáticos, trabajadores y eficientes. Su lema es «querer es poder». Pero esto también quiere decir que inconscientemente acatan la ideología del control; así por ejemplo, se les ocurren muchas ideas para controlar los peligros o para minimizarlos mediante leyes. En el mejor de los casos, pueden convencerse a sí mismos, y a los demás, de que el mundo cada vez será «más seguro», que «todo está bajo control, que todo está bien sujeto».

De lo que saben poco es de su propio miedo. Su sentimiento vital se viene abajo cuando su lema «querer es poder» ya no funciona, por ejemplo, cuando aparecen enfermedades, o cuando se dan problemas de pareja que ya simplemente no se pueden solucionar de forma «razonable», o cuando tienen que enfrentarse al hecho de hacerse mayores. En estos casos deben volver su mirada al devaluado mundo femenino, cosa que les resulta más fácil a los hombres cuyo padre está marcado por un complejo materno, puesto que ellos siempre han convivido un poco con este mundo. Pero entonces aparecen las crisis vitales, las depresiones hacen que busquemos aquello que importa en la vida, algo que para este tipo de personalidades, a menudo tan alejadas de sus propios sentimientos, es muy difícil de encontrar. El miedo, que está presente de forma natural pero cuya presencia no es posible aceptar, se mantiene alejado mediante el control y mediante una especie de artificialidad. Pero entonces la creatividad se pierde.

Subliminalmente puede apreciarse una situación de estrés continuo, pues este hombre ha de hacer algo para lograr reconocimiento, aunque sabe que siempre lo va a obtener. Subliminalmente este tipo de hombre nota que, ciertamente, tiene «una buena vida», pero que hay una necesidad básica –la de la participación– que sólo podrá satisfacer de forma incompleta, si es que llega a satisfacerla. El hombre marcado por un padre con complejo materno vive más feliz. Él también corre el peligro de vivir toda su vida con una identidad derivada de su padre y del complejo paterno, pero está más cerca de los sentimientos, sabe abrirse mejor a sus aspectos femeninos, si es que esto fuera necesario. Es menos frágil si le golpea el destino.

«Hijas atentas»

El complejo paterno positivo originario en las mujeres

Dependiendo de si el padre está más marcado él mismo por un complejo materno o por un complejo paterno, esto repercutirá de forma diferente en la atmósfera del complejo de la hija. Tengo la impresión de que la unión personal con el padre con complejo materno se mantiene durante más tiempo porque tiene un cierto matiz erótico. Voy a poner dos ejemplos que, por un lado, evidencian que el complejo paterno positivo originario se puede mostrar de diferentes formas; por el otro lado, quisiera mostrar que el complejo paterno aparece o bien en relación a hombres concretos, o más bien en relación a aquello que en nuestra cultura se define como masculino, como normas, valores, intereses intelectuales, etc.

«Los hombres son sencillamente más interesantes»
Nora

Nora tiene treinta y cuatro años. No es casual la alusión a la obra de Ibsen *La casa de muñecas*[89]* a la hora de escoger un nombre ficticio para ella.

Se casó con diecinueve años, tiene tres hijos y trabaja diez horas a la semana en su antiguo trabajo. Parece muy joven; resulta difícil imaginársela como madre de unos hijos ya bien mayores. Va vestida a la moda

---

89 * N. del T.: El título de la obra de Ibsen en alemán es «Nora o la casa de muñecas».

y lleva puestos unos zapatos de tacón, algo que ahora ya no se lleva. Con estos zapatos se tropieza en los adoquines de la calle de mi consulta. Nos reímos las dos y dice: «Lo que no haríamos por los hombres». No se ve a ningún hombre por ningún lado.

Nora busca una explicación a una crisis de pareja. Se ha enamorado de un profesor mayor que da unas «conferencias magníficas». Está intranquila porque no sabe qué puede significar esto para su matrimonio. Ni el profesor ni su marido saben nada de este enamoramiento. Nora se siente «horrorizada». En la entrevista no para de decir frases como: «Mi marido dice también, mi marido quiere, mi marido ha decidido»; pero también dice otras como: «Mi padre diría, mi padre piensa...». Dice que ha elegido a una mujer como terapeuta intencionadamente, «con los hombres me comporto automáticamente como una tonta, me adapto, pierdo mi voluntad progresivamente, coqueteo y casi siempre con éxito». Esta mujer es capaz de reflexionar muy fríamente sobre su forma de relacionarse con los hombres, sin embargo no puede cambiar su comportamiento. Ha anotado algunas cuestiones sobre las que quería consultarme. «Siempre me siento atraída por hombres mayores. ¿Indica esto la existencia de un complejo paterno? Si es así, ¿qué se puede hacer?».

Nora parece estar llena de vida, parece estar conforme con el mundo y consigo misma. Es una mujer práctica con la vida, con muchos intereses, despierta, que estructura muy bien la conversación. La estructura tan bien que la conversación deja de ser una conversación en la que podría tener lugar algo creativo e inesperado y más bien se convierte en un juego de pregunta-respuesta. Al principio tiende a archivar mis respuestas como si fueran las de una autoridad, incluso algunas las anota literalmente. No es inusual que en la siguiente sesión me confronte con la reacción a mis enunciados de su padre o de uno de sus «profesores». Después de que ellos opinaran varias veces que soy muy «razonable» («para ser una mujer», estuve tentada de añadir en mi interior), se relajó conmigo. Apenas es posible saber qué opina ella misma, qué piensa ella misma. Lo que es original es su enamoramiento, que no forma parte de su concepto de vida.

Es amable, aunque mantiene una fría distancia conmigo; eso tiene que ver con el hecho de que yo soy mujer. Con un hombre se comportaría de otra manera, dice ella misma. Con los hombres es más fácil averiguar qué es lo que quieren oír. Con los hombres está claro que ellos son la autoridad y que ella, Nora, puede aprender algo de ellos. Dice que a mí me trata un poco como a un hombre debido a mi formación. Mi pregunta de si entonces no se puede aprender nada de una mujer le irrita mucho. En teoría por supuesto que sí, pero ¿en la práctica? Afirma que ella siempre ha aprendido de los hombres, que con ellos siempre se puede coquetear y eso lo hace todo más agradable y todo marcha «como la seda».

«Qué es lo que no haríamos por los hombres»
La impronta y el efecto de este complejo paterno

Nora lo confirma: «Soy la única hija de mi padre». Esta afirmación, que causa una extraña impresión aunque desde el punto de vista diagnóstico tiene un gran valor, es, a su juicio, «normal» y correcta. Su padre siempre la ha admirado mucho y ella a él. También le gustaba mostrar en público lo orgulloso que estaba de su hija, y ella no escatimaba la ocasión para que así fuera. Nora era una dura rival de su madre y sólo estaba satisfecha si se convencía de tener más derecho sobre su padre que la madre. Hacía la prueba: «Creo que en realidad lo he hecho siempre, pero lo recuerdo conscientemente desde cuando tenía diez años. Cuando tenía la sensación de que entre mi padre y mi madre había algo, empezaba a gritar y a gimotear para darles pena, entonces mi padre venía corriendo a mi habitación, me calmaba y a veces se quedaba a dormir conmigo. Esto me llenaba de orgullo». Describe una estrecha unión entre padre e hija cuya finalidad era la admiración mutua. En comparación con la relación que mantiene con un padre idealizado, la que mantiene con su madre quedaba absolutamente relegada a un segundo plano. Las vivencias que recuerda son claramente «posteriores», no obstante hay muchas fotos de cuando era una niña en las que el padre y ella se miran con unos ojos que irradian felicidad, mientras que la madre está en un segundo plano.

Cuando tenía dieciséis años iba a bailar a menudo con su padre, la madre no bailaba bien y tampoco le gustaba. Recordaba que era mucho mejor con los profesores que le gustaban que con los que no «la correspondían». «Los hombres siempre han tenido la facultad de estimularme o desanimarme escolarmente». Hoy en día esto le resulta sorprendente y también algo preocupante. También se acuerda de que su padre sentía celos de los profesores que la podían hacer progresar tanto. Una frase del complejo en sentido estricto podría ser: «Tú no puedes admirar a nadie más que a mí».

Los hombres son muy importantes para ella. Son estimulantes, controlan y llevan el timón de las cosas y permiten una cierta ingenuidad, hacen que salga todo nuestro encanto, con el que se pueden conseguir muchas cosas. Se casó a los diecinueve años.

El cumplir con las convenciones y con los papeles convencionales forma parte del complejo paterno positivo originario. El complejo paterno se transmite a aquello que «se» hace. El hecho de que vaya vestida a la moda no se corresponde en primera línea con que le guste ese tipo de moda o esos tejidos, sino que es lo que «se» lleva en estos momentos; hasta tiene que acostumbrarse a ello. «Pero si todos llevan…», al menos, todas las personas que cuentan para ella.

Su marido era un estudiante que trabajaba en el negocio de su padre y del que éste decía que le gustaría tener un hijo como él –además de a su querida hija, claro está–. En la fiesta nupcial bailó más con su padre que con su «reciente marido». Esto es llamativo. Además, la atmósfera que impera entre ambos es tan erótica que se alegran de poder conjurar el peligro de la seducción a través de conductas socialmente reguladas. El padre estaba muy satisfecho con la elección de su hija y ella también. En el seno de su matrimonio, Nora se reveló como una persona con una gran capacidad de adaptación. Según ella lo aprendió de su padre: una buena mujer debe saber adaptarse, le decía. Lo primero que hizo fue ayudar a su marido a «ordenar» el caos que era su vida y le impulsó a que terminara su tesis doctoral.

Ella cuenta lo siguiente: «Mi marido ha cambiado varias veces de tipo de mujer. Al principio necesitaba a una compañera. Posteriormente, cuando por diferentes motivos no estaba bien, necesitó a una madre. Una vez que estuvo mejor lo que buscaba en mí era algo así como una "vampiresa" sexual". Y todo eso he sido yo». El orgullo resuena en su voz, como si me dijera: «Mira qué polifacética soy». A Nora le gusta que su marido diga de ella que es «como cera en sus manos». Cuando le pregunto en qué papel se ha sentido más cómoda o incómoda, no sabe qué responder: todo estaba bien, en cierto modo le divertía. Está orgullosa de que su marido y ella tengan una buena relación. Dice que en su trabajo, donde todas son mujeres, es más independiente, más decidida, más crítica y tiene más interés por las cosas que en casa. También expone que en el momento en que aparece un hombre empieza a rivalizar con todas las mujeres y que en casa reacciona esencialmente a los deseos de su marido. Esto es también típico del complejo paterno positivo originario: fuera del ámbito de este complejo, estas mujeres son capaces de ser independientes e innovadoras. Obviamente, también pueden jugar un papel político; como conocen muy bien a los hombres, saben qué hacer para conseguir el éxito. Pero en su relación personal con los hombres se convierten de nuevo en muchachas dispuestas a adaptarse. (Aunque también estarían las muchachas rebeldes).

Una vez por semana sale a comer con su padre. Su madre «simplemente ni pinta ni ha pintado nada». Pero tampoco recuerda ninguna situación especialmente difícil con su madre. Simplemente estuvo claro que «desde el principio, el más importante es su padre». Últimamente su madre la critica y la tacha de ser una mujer «anticuada». Algunas amigas, que por cierto no le importan mucho, piensan lo mismo. Para ella lo problemático es que cada vez tiene más miedo a las decisiones –lo cual es un signo evidente de que es hora de desligarse del complejo paterno positivo originario–, no tanto a las decisiones que ha de tomar en el ámbito laboral, sino a las de la esfera privada. Este miedo está relacionado con el hecho de que se ha enamorado varias veces de hombres mayores y que con ellos ha experimentado sentimientos que no ha experimentado ni tampoco experimenta junto a su marido. Precisamente en estos «enamoramientos no previstos» se hace evidente que en su psique se está iniciando un cambio en la esfera del complejo paterno. Los hombres de los que se enamora son hombres de palabras, el padre es más bien un hombre de hechos. También lo es su marido. Posiblemente, su fascinación no recae en absoluto en esos hombres mayores en sí, a los que puede transferir fácilmente su complejo paterno –y admirarlos y ser admirada, debería decir el enunciado de su deseo–, sino que su fascinación se dirige a un aspecto del complejo paterno que hasta ahora no ha experimentado, o lo ha hecho poco: el aspecto intelectual. Pero ahora se plantea una dificultad: ella –en referencia a una frase que, por cierto, es típica de su constelación del complejo– no puede admirar a nadie más que a su padre, y posiblemente esta prohibición la ha trasladado a la relación con su marido, pues es esta relación la que centra sus preocupaciones. Y esta preocupación podría estar perfectamente justificada; en cualquier caso la evolución que la lleve a desligarse del complejo paterno hará que también se pregunte qué es lo que queda de cariño en la relación con su marido, más allá de lo que es mera transferencia del complejo paterno, qué es lo que permanece una vez que ya no tiene lugar esa transferencia. Esa evolución tiene que producirse en cualquier caso, pues para Nora la cuestión del miedo está presente de una forma inquietante e indica que está arriesgándose a perder algo que para ella es esencial. Es muy probable que el padre de Nora esté marcado por un complejo materno positivo originario y se escapa de mi conocimiento hasta qué punto se desligó del complejo a la edad adecuada. Los padres con complejo materno son hombres sensuales, eróticos y gozan de la vida, y por supuesto también de las hijas. Para ellos la admiración es importante, y es más fácil conseguir y mantener la admiración de la hija que la de la esposa. Si además la hija se identifica con el lado de la hija de esta constelación del complejo como hija atractiva de un padre al que se puede idolatrar y que además irradia *savoir vivre* –en cierto modo, al menos–, entonces ésta se convierte en una mujer que resulta extremadamente erótica para los hombres, sabe utilizar esta cualidad, promete disponibilidad y la aporta. Suelen ser mujeres inteligentes, aunque infravaloran su talento o quizás han aprendido a «ocultarlo» y sólo hacen uso de él si lo necesitan. Han recibido mucha admiración por parte de su padre y por ello supuestamente tienen una buena autoestima. Para ellas, la madre pasa desapercibida, ni siquiera intentan practicar con ella la solidaridad ni la confrontación, simplemente es desvalorizada. Pero esto no lo admitirían nunca estas mujeres, lo que dicen es: «Sencillamente encuentro a los hombres más interesantes, más estimulantes, más fiables…». No se dan cuenta de que a lo largo de toda su vida nunca han establecido una auténtica relación con otras mujeres.

Su autoestima depende de la admiración de los hombres. Y ahí reside el gran problema de las mujeres con esta impronta del complejo: cuando nuestra autoestima depende de alguien, estamos a su mereced. Si perdemos a esa persona, también perderemos nuestra autoestima. Estas mujeres perciben a los hombres como algo más que estimulantes y creadores del orden, los perciben como «los que llevan el timón», al menos son ellos los que deciden lo que debe acontecer. Cuanto más se deje dirigir una persona por otra, mayor será la posibilidad de que sea apartada de su camino, de que sea dirigida hacia el lugar que la persona que la dirige considera el correcto, hacia el lugar que esta persona quiere, pero no al lugar que requieren sus necesidades evolutivas. Por otro lado, existe el peligro de que estas personas reaccionen con miedo cuando este «llevar el timón»,[90] este «tomar decisiones» de otras personas acerca de la vida propia remita, pues ellas no han aprendido a llevar el timón. Este problema aparece como muy tarde hacia la mitad de la vida. De pronto, estas mujeres se sienten «vacías», no saben cuáles son sus propios deseos ni sus necesidades, se sienten «a la deriva», manipuladas, sin poder contraponer nada positivo a todo esto. Desarrollan miedo a la vida, pero también miedo a tomar decisiones relativamente insignificantes. Estos miedos están relacionados con el hecho de que no han aprendido a hacerse responsables de sí mismas, ni a asumir las consecuencias de decisiones incorrectas y vivir con ello. Por último, los miedos también están relacionados con el hecho de que su más auténtica esencia está como excluida de la vida, que no son en absoluto ellas mismas. Con frecuencia este miedo se somatiza, pues en realidad una hija de su papá no tiene miedo. Si el miedo aparece, entonces la mujer sí que necesita tener a alguien que la «dirija» y así se evita tomar conciencia de sí misma. Pero a una mujer con esta impronta del complejo le resulta difícil admitir su miedo. Al identificarse con la parte paterna de su complejo paterno suele dar la impresión de ser una mujer con un complejo del yo extraordinariamente bien estructurado, razonable, fuerte. Y casi siempre lo es cuando se trata de la vida «externa», pero no en relación a su propio desarrollo. La fuerza del yo, que inicialmente puede resultar absolutamente grandiosa, es una fuerza prestada, su identidad es una identidad «derivada»[91] del padre y del complejo paterno, no es original. Sin embargo, es una tarea indispensable para nuestro desarrollo ir encontrando nuestra propia identidad a lo largo de nuestra vida.

En esta impronta del complejo también se hace evidente la influencia del colectivo. Hasta hace unos años, Nora habría sido considerada una mujer que encarna a la perfección el papel de mujer. Hoy ya no es así necesariamente. Pensemos que incluso su madre le echa en cara que

---

90 König, 1981, pp. 16 ss.
91 Kast, 1991, pp. 171 ss.

es «una anticuada». No obstante, esta imagen del papel de la mujer no ha desaparecido del todo. Lo que es alarmante es que se considere deseable, incluso se califique de ideal el alcanzar un desarrollo que no tiene en cuenta el proceso de individuación de uno mismo. Pues esto no ha hecho ningún bien a las mujeres ni a los hombres, ni tampoco a los hijos ni al matrimonio, aun cuando a primera vista parezca que hay claros beneficiarios de este acuerdo.

«Ausencia de humanidad»
Anne

La dependencia personal de la hija con respecto a su padre tiene menor relevancia cuando estamos ante padres marcados por un complejo paterno. La identificación se produce más bien con la atmósfera del complejo paterno, donde el padre personal y las trascendentales interacciones que se producen con él podrían darle al complejo un cierto matiz personal.

Anne, de treinta y cuatro años, tiene estudios universitarios y un puesto de directiva en una institución terapéutica. De su equipo escucha comentarios que la definen como fiable, justa y competente, pero también como poco «humana», que se controla demasiado y, últimamente también, que es demasiado escrupulosa, que no la sienten cercana, que se obstina con su autoridad.

Anne se guarda para sí todos estos comentarios, ya que no son sólo simples descripciones de la esencia de una persona, sino también el resultado de un proceso de interacción; a menudo dicen mucho acerca de las expectativas que no llegan a cumplirse o sobre las diferentes ideas que uno tiene sobre cómo debe ejercerse un puesto directivo. El reproche de controlarse demasiado, de ser demasiado poco «humana», es certero. Quiere tratar de aclarar esta cuestión en nuestras sesiones porque siente que en su vida privada también se controla demasiado, pero en ese ámbito se hace respetar dejando aflorar sus emociones. Vive sola, aunque mantiene una red de relaciones con diferentes «amigos y amigas no muy cercanos». Además sigue muy unida a su familia y le gusta pasar su tiempo libre con sus numerosos hermanos. En el contacto personal resulta limitada, frágil, formula con claridad qué es lo que le preocupa. Es despiadada analizándose a sí misma y también despiadadamente sincera. Si ve algo en ella que no le parece óptimo, debe ser extirpado. Es una persona muy fiable y una profesional muy consciente de su responsabilidad. Es inteligente y tiene que analizarlo todo con el máximo rigor. Pero, de hecho, da la sensación de ser una mujer miedosa, aunque al principio ese miedo se manifiesta en forma de meticulosidad. Es muy culta y está orgullosa de sus conocimientos y sus habilidades. Dice de sí misma que se siente sobrepasada cuando alguien necesita inmediatamente una solución poco usual. Al principio a mí también me parece una mujer con un complejo del yo coherente, parece tener un yo fuerte.

Es llamativo el hecho de que necesite cumplir unas normas extremadamente rígidas, y si no lo consigue le asaltan las dudas sobre sí misma y reacciona con miedo, del que se defiende controlándose aún más, buscando una nueva opinión, retomando otra vez todo el caso. Estas normas internas tan rígidas se corresponden con el hecho de que tiene una fe ciega en la autoridad –lo que no se aprecia a primera vista– y con que se presenta a sí misma como autoridad. No obstante, ella no es consciente de actuar como autoridad, aunque sí lo es de tener una fe ciega en la autoridad; se avergüenza cuando ella misma tira por la borda sus propias ideas –al menos temporalmente– y también se avergüenza de depender de la opinión de alguna otra persona que represente la autoridad. Conoce el miedo con el que está asociada esa fe ciega en la autoridad, pero en su campo de trabajo es un auténtica autoridad. Los demás valoran mucho más su trabajo que ella misma, y además es una persona muy innovadora. Pero es evidente que se exige mucho a sí misma y no llega a satisfacer sus exigencias. Sus colaboradoras y colaboradores reconocen estos aspectos positivos de ella, pero echan de menos algo más de «humanidad». Anne se conduce con poca empatía consigo misma: todo aquello que ha reconocido como erróneo tiene que cambiarlo. «Hay que ser capaz de hacerlo, si no se es capaz de hacerlo es por falta de buena voluntad, de concentración…», etc. «¡Si se quiere, se puede!».

Está convencida de que sólo se recibe afecto si se da algo a cambio y se sorprende de que aún no haya encontrado una pareja, porque está completamente convencida de que ella sí ha dado algo. De vez en cuando conoce a hombres, pero éstos pierden enseguida el interés por ella. «Simplemente no salta la chispa» es la respuesta que recibe cuando pregunta por la razón de su retirada emocional. Y, sincera como es ella, debe reconocer que a ella tampoco le ha saltado la chispa, pero que le gustaría tener más tiempo y que quizás con el tiempo llegara a funcionar. Pero, por lo general, el tiempo no le trae el amor, sino que la mayor parte de las veces lo que consigue es más bien una sólida amistad. Para un hombre, Anne es la amiga ideal con la que desahogarse o buscar un consejo, en seguida se convierte en una buena compañía sin complicaciones, pero más no.

«Quien no lo reconozca no es apto para la vida»
Impronta y efecto de este complejo paterno

Anne es la mayor de cuatro hermanos. Su padre quería tener un hijo y el niño fue el último en llegar. A pesar de que su deseo no se había cumplido con Anne, estaba encantado con su inteligente niña, a la que, no obstante, no dedicaba demasiado tiempo. El padre era jurista y cuando estaban a la mesa se solía hablar de leyes, Anne recuerda que, en general, el derecho, el orden, la justicia, y también la moderación y la cuestión de la justa medida de las cosas eran temas importantes en casa. Anne se sentía muy importante cuando podía ir sola a pasear con su padre y él la preguntaba por las cosas del colegio, y a través de sus preguntas le hacía reflexionar sobre si el asunto en cuestión estaba bien o mal, si era defendible o no. Y así adoptó una forma de argumentación típicamente masculina: existen reglas y hay que hacerlas cumplir. La idea de que las reglas deban cambiar dependiendo del tipo de relación que se mantenga con cada persona no era aceptada por el padre. Anne se acuerda de una ocasión en la que una de sus compañeras del colegio había mentido para proteger a otra amiga suya que no era demasiado inteligente y con la que el profesor se metía constantemente, según esa niña. Anne quería defender ante su padre que esa mentira había que valorarla de una manera diferente a la de una mentira cometida por interés propio. El padre, sin embargo, se mantuvo en sus trece: mentir está mal. Anne se dejó convencer. Los estudios psicológicos actuales muestran claramente que Anne había defendido una forma de argumentación típicamente femenina, según la cual la situación relacional en la que se hace o se omite algo ha de ser muy tenida en cuenta.[92] A partir de entonces adoptó el razonamiento del padre en este tipo de discurso ético.

---

92 Gilligan, 1984, pp. 83 ss.

Conquistó su autoestima a partir de las escasas muestras de aprecio de su padre. Su madre, en cambio, era más asertiva, pero el reconocimiento de su madre tenía menos valor para ella. La madre también era más cariñosa, pero Anne buscaba el cariño de su padre. Anne recuerda a su padre como una persona excesivamente estresada, que se exigía mucho a sí mismo y se criticaba con dureza cuando no cumplía con sus exigencias. Según Anne, hoy en día se ha vuelto más indulgente, también consigo mismo y con su familia. Pero ella ha interiorizado el complejo paterno, donde la parte del padre consiste en exigencias duras y amargas que ella sigue cumpliendo; pero estas exigencias, a pesar de su gran capacidad, no hacen sino aportar tristeza a su vida. Anne ha dejado de ser la niña de su papá, visto desde fuera, se ha desligado de él completamente. Pero en la atmósfera del complejo, Anne sigue estando muy marcada por este complejo paterno positivo original y éste hace que determinados ámbitos de la vida estén bloqueados, como el de las relaciones cálidas y cercanas o el de los sentimientos de pertenencia incuestionable a otra persona, sin que ella haya hecho nada.

Anne conserva una imagen que podría arrojar luz a un aspecto personal del complejo paterno. Se ve con su padre sentada a una mesa de piedra. Sabe perfectamente que se trata de una mesa de piedra porque su padre había hablado con ella de la larga vida útil de esta mesa, aunque a ella, que era una niña, su tacto le resultaba desagradable. Recuerda que de pronto su padre se enfureció mucho para lo que era su costumbre –era un hombre muy controlado– y dijo: «Quien no lo reconozca no es apto para la vida». Anne, como niña que era, se sintió muy pequeña sentada a esa mesa y supo que si seguía empeñada en preferir una mesa de madera se convertiría en «no apta para la vida» a los ojos de su padre; y sabía lo que eso significaba, pues solía oír que su padre sospechaba de la ineptitud para la vida de ciertas personas. Ser apto para la vida era algo de mucho valor. El padre no intentó atraer a la niña hacia su postura de preferir la mesa de piedra –si es que eso hubiera sido para él absolutamente necesario–, sino que se dedicó a argumentar desde una esfera colectiva y, por lo tanto, dejó de lado la esfera relacional. Con este tipo de argumentación, Anne fue expulsada de la relación íntima que tenía con su padre, aunque decidió sacrificar su preferencia por la madera.

Por lo tanto, era necesario compartir las «sensatas» opiniones del padre, de lo contrario, Anne se arriesgaba a una doble expulsión: ser calificada de no apta para la vida y además dejar de ser tomada en cuenta personalmente, experiencias ambas que la condenaban a una profunda soledad y dañaban su autoestima. ¿Qué le quedaba sino adoptar las máximas de su padre? Aunque ella, como niña, nunca estuvo segura de haberlas adoptado con el suficiente rigor, ya que su padre no le hacía ningún comentario que se lo confirmara. Así que a Anne le quedó un sentimiento vital latente de haber hecho siempre demasiado poco, de no poder estar satisfecha consigo misma.

Ella supone de sí misma que se identifica con la parte paterna de su complejo paterno y que posiblemente por ello sus colaboradores tendrían la sensación de no poder satisfacerla del todo. No obstante, se percibe a sí misma mucho más claramente en la posición de niño de la constelación del complejo. Le cuesta acostumbrarse a mostrar su reconocimiento a sus colegas cuando considera que han hecho algo bien. Acepta que es necesario hacerlo, pero a la hora de llevarlo a cabo se da cuenta de lo mucho que se parece a su padre en su forma de actuar, con sus escasas o excesivamente parcas muestras de reconocimiento.

En cuanto a las manifestaciones de su inconsciente, era llamativo que todo aquello que iba surgiendo intentaba siempre ponerlo bajo control, entenderlo, clasificarlo, ponerle un nombre. Si surgían figuras que ella necesitaba con urgencia para poder hacer conscientes aspectos no desarrollados de su psique, como por ejemplo figuras ánimus del tipo de lo extraño fascinante y misterioso, entonces se le hacía extraordinariamente difícil dejar que surtieran efecto, aceptar las fantasías que se producían y dejar que se instalasen en sus sentimientos las emociones vinculadas a ellas. Más bien tendía a cortar por lo sano. Sólo poco a poco se fue dando cuenta de que con ese cortar por lo sano estaba reduciendo una abundancia que le salía al encuentro en sus sueños y la convertía en un «nada más que», lo que de nuevo la llevaba a quedarse atrás, desnutrida, con el sordo sentimiento de no haber hecho lo suficiente otra vez. Y este sentimiento incluso era acertado en cierto modo, pues aunque ella lo hacía más que bien, utilizaba un método erróneo. Cuando fue aprendiendo a sumergirse en las imágenes de su inconsciente, descubrió «otro mundo» en el que podía establecerse, un mundo en el que el buen rendimiento ya no era tan importante. En paralelo a esta capacidad que para ella era nueva, su madre se fue volviendo más interesante para ella, comenzó a charlar con ella y a recordar situaciones de su infancia que tenía bloqueadas.

Buenas alumnas
*Similitudes entre mujeres con un
complejo paterno positivo originario*

Las mujeres con estas dos formas de socialización se sienten atraídas por hombres mayores, unas más bien por el tipo erótico, otras por el de alto nivel intelectual. Los más atractivos son los que conjugan erotismo e intelectualidad. Para la mujer marcada por un padre con complejo materno el vínculo erótico es el predominante, la que está marcada por un padre con complejo paterno pone en primer término la relación platónica. Ambos tipos de mujeres suelen hablar poco de sí mismas, se ocupan poco de su propio *Selbst*, aunque parezca todo lo contrario. Mientras que una dice «Mi marido dice», la otra habla sin parar de los resultados de las investigaciones realizadas por hombres. Estos dos tipos de mujeres suelen ser buenas alumnas. Si no tienen mucho talento creativo, pueden resultar extremadamente pedantes. Ambos tipos de mujer tienen el convencimiento de que hay que esforzarse para todo en este mundo, que no se consigue nada gratis, y menos aún el amor, a no ser que en la sombra exista un complejo materno verdaderamente sólido –aunque casi siempre «desvalorizado»–. Y los demás no lo han de tener más fácil que ellas. Uno de los problemas principales de estas mujeres es la idealización de los hombres y de lo masculino a la vez que, de forma casi inapreciable, se devalúan a sí mismas como mujeres, a las mujeres en general y a lo femenino. Idealizan a los padres, a los hombres, a los amigos, las teorías o la ciencia. Los enunciados se convierten fácilmente en teoremas irrefutables, que incluso pueden adquirir la categoría de sagrados.

Con la idealización de los hombres y de lo masculino, estas mujeres se colocan fácilmente en una posición de dependencia mucho más acusada de lo que realmente les corresponde. Esto se aprecia en el hecho de que cuando actúan por su propia cuenta se muestran absolutamente competentes y capaces de tomar las riendas de su vida. En cambio, cuando están en compañía de hombres se transforman en hijas complacien-tes. Y esto parece que les gusta a muchos hombres, lo que supone un in-centivo menos –para las mujeres– para alejarse de esa posición. De este modo, la mujer se comporta de una manera más torpe de lo que es, vive por debajo de sus posibilidades. A la hija del padre con complejo paterno le resulta más difícil conciliar esto con su propia imagen e intenta evitar las situaciones en las que podría tener que representar el papel de hija.

La mujer que no ha podido desligarse suficientemente de su com-plejo paterno positivo original se define a partir del hombre, deja que su identidad sea dictada por un hombre, por la relación con las autoridades, con el con el intelecto, etc. De esta forma, el hombre adquiere una gran importancia porque la identidad de la mujer depende supuestamente de él, de su reconocimiento, de su aprecio. Pero, en última instancia, el aprecio que la mujer necesita no se lo puede proporcionar el padre. La mujer debe alcanzar su identidad en la confrontación consigo misma como mujer, en la confrontación con otras mujeres con las que este tipo de mujer rivaliza y en la confrontación con la madre y con lo maternal.

Orden y uso indulgente de las leyes
Los dioses padre: un excurso

Los padres individuales, con sus complejos paternos y sus frases de com-plejo, no son los únicos que juegan un papel destacado a la hora de con-figurar la impronta de un complejo, pues también tenemos una imagen colectiva del padre, la cual, mayoritariamente, pretende seguir viendo hoy al padre como una actualización del «héroe de mil caras».[93] Además, el significado que el padre tiene para el hijo se encuentra también en una extraña contradicción con la realidad: a pesar de no tenerlo apenas a nuestra disposición, asume un papel mucho más importante del que en realidad debería corresponderle en virtud de la relación que desarrolla con sus hijos, y esto es así sobre todo gracias al patriarcado y a la idea-lización que la mujer hace de él. Aun cuando actualmente hay una ge-neración de «nuevos padres», éstos no podrán cambiar tan rápidamente la imagen colectiva preexistente del padre, pero es posible que sí logren trastocar la forma de concebirlo, y de esta manera abrir la brecha del cambio. Estos nuevos padres seguramente van a poner en marcha en sus

---

93 Dieckmann, 1991, p. 11.

hijos un interesante complejo paterno, ya que la experiencia de éstos con el padre personal es muy diferente a las experiencias que los hijos solían tenían con sus padres (una conversación entre dos niños de 5 años: «Mi padre sabe poner parches», a lo que el otro le contesta: «¿A las bicis?». «No, a todo: a los calcetines, a los pantalones vaqueros, a las camisas…». «Entonces no es un padre de verdad…»). A lo largo de la historia de la cultura se encuentran muchos dioses padre que también están detrás de la imagen paterna y que representan su aspecto arquetípico. Sin embargo, me parece importante que no olvidemos el aspecto social que existe más allá del aspecto arquetípico. Sería demasiado fácil que aquello que socialmente –y también como expresión del espíritu de una época determinada– se define como «paterno», nosotros lo «justificáramos» como arquetípico, convirtiéndolo con una absoluta falta de legitimidad en algo que siempre ha sido así –en algo que es típicamente masculino–, pero de esta forma dificultaríamos aún más que se produjeran los cambios necesarios tanto en el papel como en la imagen del padre.

Aun así, hay tres dioses que, aun siendo muy diferentes, se parecen y podrían revelar algo sobre lo arquetípico, es decir, lo que permanece invariable en las imágenes del padre, aunque la vida experimentada también añade algo nuevo a lo arquetípico y de esta forma podría y tendría que modificarse.[94]

Zeus es descrito por Homero una y otra vez como «clemente y bondadoso como un padre». Es el dominador y el que dirige la vida divina y humana. Sin embargo, no puede mandar sobre las Moiras, las diosas del destino, quienes, en última instancia, deciden sobre la vida y la muerte. Por lo tanto, lo que está en juego es el dominar y dirigir la vida de este mundo, la vida del obrar consciente. En el ejercicio de su gobierno, Zeus impone castigos, lanza rayos si es necesario. No está exento de emociones, como tampoco lo está ninguno de los dioses padre, y descarga estas emociones en forma de tormentas sobre mortales e inmortales. Zeus es también un auténtico espíritu libre, sobre todo en cuanto a sus aventuras sexuales. Homero nos transmite que Zeus aporta el orden patrilineal, es decir, el orden que vela por una mayor conciencia ética, mayor estructura, mayor espiritualización de la vida. Pero parece que la conciencia ética se la exige sobre todo a los demás. No obstante, Zeus es, en realidad,

---

94 Sheldrake, 1990, pp. 373 ss.

un dios marcado por el complejo materno positivo originario, si es que se puede decir algo así de un dios; pensemos que, en la época minoica, Gaia tuvo que esconder a Zeus de su propio padre, Cronos, ya que éste se comía a sus hijos. En esta época, Hera también sedujo a Zeus –siguiendo el ejemplo de la Gran Diosa y su hijo preferido–.[95]

De la mitología nórdica conocemos a Odín o Wotan, al que llamaban padre de todos los hombres. Entre sus rasgos característicos destaca el ser el dios de la guerra, aunque no participa en ella; también es el dios de la locura, de ahí procede el nombre de Wotan, que está emparentado etimológicamente con la palabra alemana «*Wut*» (furia) y la furia puede llegar a ser bastante delirante. Wotan es también el rey de la sabiduría y de la poesía. Se dice de él que, con el fin de mantener el orden, caminaba por el mundo con un sombrero de ala ancha y un abrigo cuajado de estrellas; así por ejemplo, comprobaba si los hombres se mostraban hospitalarios o no. A veces se acomoda en su trono para observar y deja que sus cuervos le cuenten lo que ocurre por el mundo. Wotan no es inmortal y esto quiere decir que el orden que él mismo encarna y en el que pone tanto empeño y creatividad, sólo es vigente durante un tiempo determinado.

En el cristianismo se aprecian ciertos cambios en la imagen del Dios Padre: en los escritos del Nuevo Testamento, Dios se convierte en Dios Padre a través de su relación con Jesús. Jesús es su hijo y así, la relación de Dios con los hombres, simbolizada en Jesús, se hace más familiar. Si Jesús fuera hombre, tendría un complejo paterno positivo originario. Jesús se desliga de su padre en la cruz, cuando dice: «Dios mío, ¿por qué me has abandonado?». La traición por parte del padre o de la madre lleva al individuo de vuelta a su propio complejo del yo, lo lleva a aprender a entenderse a sí mismo como una persona individual y que realmente se va haciendo cargo de su propio destino. Si nos fijamos en el Dios Padre del Nuevo Testamento, comprobaremos algunos cambios:

La ley ya no tiene una vigencia absoluta como en el Antiguo Testamento, sino que ahora la ley, a través de la interpretación de Jesús, es aplicada de forma más libre e indulgente.

Si intentamos recapitular lo que tienen en común, llama la atención que todos estos dioses-padre se caracterizan por ser muy impetuosos. En

---

95 Kast, 1984, pp. 90 ss.

cuanto a la visión general de lo paternal arquetípico, se trata de un cierto orden que también debe ser pensado y definido de nuevo. Se trata de integrar lo casual, que con demasiada facilidad solemos relacionar con las emociones, en un orden comprensible, y así controlarlo en la vida de cada uno. No se trataría de imponer la ley con dureza, sino de aplicarla con indulgencia. En nuestra propia añoranza de lo paterno hay algo de eso: la necesidad de que alguien tenga perspectiva y la mantenga, de que comprenda la vida o no deje de querer comprenderla, de que alguien sea capaz de dar con las leyes que, aplicadas con benevolencia, aporten a la vida una cierta previsibilidad. Una muy buena parte de este deseo es proyectado sobre la sabiduría patriarcal, otra parte importante sobre los políticos y también sobre hombres concretos. De ellos esperamos que nos den perspectivas y esperamos también la promesa de un futuro lo más halagüeño posible, o que nos proporcionen las leyes que cambiarán la vida de tal manera que se corresponda con esas esperanzas de futuro. Ésta es la causa de que los hombres de carácter autoritario logren tener admiradores con facilidad: prometen cumplir un deseo que el padre en muy pocas ocasiones ha logrado cumplir y que tampoco puede cumplir. Y a muy pocas personas se les ocurre que –dado que esa idea de lo paternal es «arquetípica», es decir, que debería poder ser experimentada y activada en la psique de cada persona, aunque quizás con diferentes matices en hombres y mujeres– cada uno debe producir por sí mismo esas capacidades paternales en su propio ámbito vital de la mejor manera posible. No obstante, considero que sería aconsejable establecer una relación con lo maternal, ya que lo paternal se mantiene en un estado demasiado abstracto, tiene demasiado de lo que «se» debería pensar y hacer, por eso debería ser complementado urgentemente con dedicación y con relaciones personales.

El padre como el otro
Su papel dentro de la psicología evolutiva

Según la psicología evolutiva clásica,[96] el padre tiene la función de poner al alcance del hijo la posibilidad de abrirse al mundo y salir de la estrecha simbiosis madre-hijo. Bovonsiepen, quien se opone a la identificación de la figura del padre con las normas, la autoridad, el orden y la inteligencia,

---

96 Mahler/Pine/Bergmann, 1978.

habla de la capacidad del padre para «iniciar e impulsar procesos evolutivos, para catalizar cambios en la relación padre-madre-hijo».[97] Por lo tanto, al padre le corresponde la función de iniciación, que podría ser puesta en relación con la impetuosa energía de los dioses-padre.

No obstante, hay que señalar que en el trasfondo de la psicología evolutiva clásica y en el de la psicología evolutiva psicoanalítica dominan dos imágenes: la madre que reprime y que de esta forma se convierte en la «madre muerte», y el padre que estimula y que se convierte en el representante de la fuerza vital.[98] Esta división asombra un poco –no se corresponde ni con la realidad ni con la mitología–, y contribuye a la idealización del padre y a la desvalorización de la madre. Debería ser posible que los estímulos vinieran tanto del padre como de la madre, pero si la madre delega en el padre la función de dar estímulos porque «tiene que ser así», entonces será el padre el que tenga que hacerlo. Es lógico esperar que los padres estimulen de forma diferente a como lo hacen las madres. La función del padre de hacer que el hijo se abra al mundo, procede de la teoría de la simbiosis, que debe «abrirse», o para la psicología profunda, por ejemplo, procede de la teoría de la «irrupción del arquetipo paterno», el cual da al niño la posibilidad de prestar más atención a la realidad y alejarse así del universo materno.[99]

Ahora bien, según las últimas investigaciones llevadas a cabo a través de la observación de los lactantes, la fase simbiótica no existe, al menos no durante los primeros pasos de la vida, ya que el padre también se relaciona con el niño desde el momento del nacimiento. Aun así, incluso sin ese constructo teórico, es lógico imaginar que la existencia de una segunda persona de referencia importante haga posible que el lactante disponga al menos de otra relación más y con unos matices diferentes a los que tiene en la relación que establece con su madre. Desde el punto de vista de la teoría de los complejos, esto significaría que no habría un único complejo que destacara por encima de los demás y dominara, por lo tanto, los hechos psíquicos. De este modo, el niño lo tendría más fácil para exponerse a nuevas situaciones, sería más flexible, tendría más formas posibles de reaccionar, no estaría tan a la merced de una única constelación de complejo. Así sería mucho más fácil conseguir el desapego del complejo materno a la edad adecuada y el padre no tendría que ser

97 Bovonsiepen, 1987, p. 57.
98 Rhode-Dachser, 1991, p. 180.
99 Jung, GW, 10, § 65.

el representante de normas colectivas ni de la autoridad,[100] etc., sino que simplemente tendría que tener una relación «diferente» a la que la madre desarrolla con el hijo y después, en fases posteriores de la vida del hijo, el padre tendría que proporcionarle su particular forma de orientación junto a la que proporciona la madre.

El extraño fascinante
El desarrollo del ánimus

Ya he dicho que para que se produzca el desapego del complejo materno a la edad adecuada no sólo debe desarrollarse el complejo del yo, sino también el ánima. El ánima, entendida como la parte femenina fascinante y misteriosa presente en la psique de los hombres, al principio está fundida con el complejo materno y muy marcada por él, pero siempre tiene componentes de lo misterioso, los cuales, si nos fijamos, señalan el camino para desligarse del complejo y se plasman en nuevas estructuras que están mucho menos influenciadas por las improntas del complejo originario.[101] En el ánima se da rienda suelta al complejo materno, es ahí donde se puede ver claramente la dimensión del desarrollo de este complejo. Lo mismo puede decirse en el caso del ánimus, entendido como las imágenes de lo masculino existentes en nuestra psique que tienen claramente la cualidad de lo fascinante misterioso y, de esta forma, estimulan nuestras fantasías y las ponen en marcha. Al principio, el ánimus también está ligado al complejo paterno y claramente teñido por la especial experiencia de éste en la historia vital. Aquí también se puede decir que si se consiguen experimentar las partes del ánimus que no están relacionadas con el complejo paterno, sino aquellas que son la expresión de lo extraño fascinante, y se deja paso libre a las fantasías ligadas a ellas, estas figuras se pueden experimentar a través de sueños y fantasías, o bien se perciben a través de sus proyecciones sobre personas reales, lo cual facilita que se produzca una evolución que posibilite a la persona abandonar el complejo. En ese caso, las figuras del ánimus ya no son primariamente paternales, sino que se representan como figuras fraternales, y lo hacen por medio de muchachos, de viejos sabios o incluso por medio de figuras de lo extraño fascinante y misterioso *per se*.[102] La experimentación existencial del ánimus se describe ahora en categorías similares a

---

100 Bovonsiepen, 1987, pp. 49-59.
101 Kast, 1993.
102 Ibídem.

las que describí antes para lo paternal arquetípico. Esto podría estar relacionado con el hecho de que el ánimus también es asimilado de forma natural a través de nuestra experiencia de las costumbres patriarcales, especialmente allí donde todavía está cerca del complejo paterno. Y sólo el ánimus en su figura de lo extraño fascinante y misterioso tendría una cierta posibilidad de transcender a lo patriarcal. La figura del ánimus trae consigo una fascinación amorosa o bien la fascinación por una idea; a él se asocian las ideas de escrutar la vida intelectualmente o incluso de hacer descubrimientos o encontrar una gran pasión erótica o espiritual. Con el ánimus se asocian tanto el estar inspirado intelectualmente y a pleno rendimiento como la cualidad de lanzarse sobre algo con agresividad y concentración. El complejo paterno y el ánimus son diferentes e independientes y cuanto menos influenciadas estén las diferentes configuraciones del ánimus por el complejo paterno –el personal y el colectivo–, más creativas se vuelven las personas. No obstante, cuando el ánimus se constela, tenemos «ideas vertiginosas», corremos el riesgo de abstraernos en exceso, de echar a volar de golpe, de idealizar demasiado, de obedecer más a una ley que a un sentimiento. La ley bondadosa sólo se experimenta cuando también se desarrolla el ánima. Sin el ánima, sin dedicar tiempo a lo intuitivo, sin el sentimiento básico de formar parte de algo y de estar conectado con todo, falta la dimensión horizontal de la vida, falta el aspecto sentimental.

«Un individuo malo en un mundo malo»
El complejo materno negativo originario en las mujeres

Típico del complejo materno negativo originario es el sentimiento vital de tener que pelear por todo lo que forzosamente se necesita para vivir. En lugar de experimentar protección, alimento, seguridad, interés, atención y amor desinteresado, como ocurre en el complejo materno positivo originario, aquí se experimenta el sentimiento vital de la soledad, de la indefensión, el sentimiento de no obtener lo suficiente para vivir, pero sí demasiado para morir.

«Sin derecho a existir»
Helma

Una mujer de cuarenta y cuatro años, a la que llamaré Helma, es licenciada universitaria y trabaja en labores de ayuda. Tiene ocho hermanos y ella es la segunda. La atmósfera de su casa –la atmósfera propia de un complejo materno negativo originario–, la describe de la siguiente manera: «Era como si se tratara de una estación de tren, y así me sentía yo. En las estaciones hay muchas personas corriendo de un lado a otro y todas están solas. Hay corriente y hace frío, la gente pasa frío allí, ¿no es verdad? Yo estaba resfriada continuamente, tenía dolores de barriga y los ojos pegados por la mañana, me los tenían que lavar con manzanilla para poderlos abrir. Nos tragamos la comida sin más, hay poco para comer y la comida es mala. Mi padre trabaja fuera, a veces no regresa durante varias semanas. A mí me hubiera gustado ir con él, estoy convencida de que se va porque la vida en casa es horrible. A partir de las seis de la tarde nos encierran en una habitación. Recuerdo la imagen de orinales llenos a rebosar: las nalgas se nos mojaban cuando nos sentábamos encima. Nos pasábamos horas enteras haciendo agujeros en las paredes, por encima de las camas. Los hermanos nos peleábamos con frecuencia. En general había muchas peleas en casa. En cierto modo, es como si lucháramos por sobrevivir».

Todavía retiene en sus oídos frases del complejo en sentido estricto, las ha oído desde su más tierna infancia: «¡No me toques! ¡Vete! ¡Deja en paz a los demás! ¡Te voy a moler a palos! No se puede esperar otra cosa de ti. Ni siquiera eres hija nuestra, te cambiaron en el hospital». Todas ellas son frases de expulsión.

Cuando escuchaba esas frases, Helma tenía la sensación de que tenía que desaparecer, la sensación vital de que en realidad no tenía derecho a vivir, que no tenía razón de ser. Estas frases eran «frases estándar».

Un recuerdo posterior procede de la época escolar: «De repente me encandiló la profesora, aunque era bastante ruin. Siempre escribía cosas horribles en los cuadernos como: "Podrías hacerlo mejor si quisieras. Se nota que puedes hacerlo mejor. No se concentra". Al menos ella no me pegaba. A mi madre no le hacía nada de gracia que me cayera tan bien esa profesora. Decía: "Tienes demasiada buena fe. La gente no te dice lo que piensa de ti"». Cuando Helma intentaba acercarse más a un compañero o a una compañera de clase, la madre le decía: «No necesitas amigos, tienes hermanos de sobra y mucho trabajo en casa». Desde muy corta edad la «mandaban» de vez en cuando con la hermana de su madre durante un tiempo indeterminado –al menos así le parecía a la niña–. Con el tiempo ya no sabía cuál era su verdadero hogar. Más tarde empezó a resistirse, no quería ir allí porque «el tío y la tía le examinaban la vagina». Se lo contó a su madre, quien reaccionó diciéndole: «Eso sólo puede ser por tu culpa, seguro que de mayor te vas a convertir en una puta». Cuando tenía cinco años, su padre abusó de ella. Al principio le gustaba el hecho de tener que meterse en la cama con su padre, estar sola con él por una vez, recibir caricias. Y después «dolió tanto de repente», el giro que tomó todo el asunto la asustó profundamente. Esto también quiso contárselo a su madre, y ésta le dijo: «De esas cosas no se habla, seguro que de mayor te vas a convertir en una puta». El sentimiento vital que desarrolló a causa del complejo materno negativo originario lo describe con estas frases: «Sentía que cada vez era peor persona, que era mejor que no existiera. Me sentía indefensa con respecto a la vida, desamparada, completamente sola. No podía relacionarme con nadie que no fuera de la familia, aunque tenía una necesidad muy fuerte de hacerlo. Pero si a pesar de todo entablaba amistad con alguien, mi madre convertía a esa persona en alguien malo».

Si el complejo materno positivo originario transmite la confianza originaria y el sentimiento vital de tener una razón de ser incuestionable, o incluso más, el complejo materno negativo originario transmite la desconfianza originaria y el miedo vital vinculado a ella, así como el irrefutable sentimiento de no tener derecho a existir. Helma contaba lo siguiente: «Yo no entendía eso como desconfianza originaria, simplemente pensaba que la vida era así de penosa, así de fría y que así iba a ser siempre. Y que yo, en cierto modo, sería siempre una mala persona». Eso no es ni más ni menos que la descripción, a partir de la propia experiencia, de la desconfianza originaria, de una cierta desesperanza y del sentimiento de no tener derecho a vivir. En lugar del sentimiento vital de un posible formar parte de algo, de pertenecer a una familia, sentimiento que se traslada a la vida y procura al niño la sensación de estar vinculado a una comunidad, lo característico en este caso es el sentimiento de estar encerrados todos los hermanos juntos y separados del resto del mundo. Obviamente, esto no provoca un sentimiento oceánico, ni de poder fundirse unos con otros en todo momento, sino un sentimiento de aislamiento perturbado, el sentimiento de una soledad que infunde miedo. Desde el punto de vista de la psicología del desarrollo, este hecho es especialmente crítico, ya que el niño pequeño se desarrolla esencialmente por medio de su identificación con los padres, pero en este tipo de familias es imposible que esto ocurra; no sólo es imposible fundirse con alguien, sino que al niño también se le niega el «nosotros», es decir, la experiencia de formar parte de los padres, de uno de ellos o de los padres y hermanos. Es una forma de expulsión permanente, sin ser expulsado de forma activa. Por eso sólo resta la lucha, la rivalidad. Es muy grande la necesidad de experimentar un sentimiento oceánico, que va claramente unido al sentimiento de formar parte de algo y, conforme a la impronta del complejo primordial, este tipo de individuos considera que debe luchar por conseguirlo. Los sentimientos e interacciones que dan lugar al sentimiento oceánico no se pueden crear artificialmente, se generan por sí mismos.

No existen muestras de cariño a nivel físico, sólo enfermedades, resfriados –lo que no es de extrañar en una atmósfera tan fría–. Además, la atmósfera está sexualizada, como si la sexualidad fuera el último bastión en el que los cuerpos tienen cabida. Cuando a los dieciséis años Helma alcanzó la menarquía –una edad comparativamente tardía–, su madre le dijo: «¡Lo que faltaba!». En lo sucesivo siempre hubo problemas con la menstruación, algo que no es infrecuente entre mujeres con un complejo materno negativo originario.

«El mundo es frío»
Estrategias de supervivencia

Quien tiene un complejo materno negativo originario está convencido de que su *Selbst* no es bueno y de que vive en un mundo malo. Sería mejor no existir. El mundo es como es, así que uno es culpable de su propia infelicidad. Este sentimiento de culpa originaria[103] está muy profundamente arraigado. Por eso estas personas aceptan de buen grado terapias en las que se trabaja la cuestión de la acusación, incluso cuando la acusación está prohibida. Si un niño tiene la impresión de no tener derecho a vivir y, unido a esto, el sentimiento de ser el único culpable de ello, entonces hará todo lo posible para obtener tal derecho –siempre que tenga una cierta vitalidad–.

¿Qué estrategias son las adecuadas?

Helma tenía una hermana mayor que padecía diferentes fobias. No se atrevía a ir con gente extraña. Mantenía a raya su miedo mediante impulsos compulsivos, sobre todo acumulando objetos. Así, por ejemplo, había acumulado cosas que había ido cogiendo a sus hermanos y aun así supo ingeniárselas para parecer una chica buena a costa de sus hermanos. Casi siempre se constelan agresiones en torno a esos hermanos. La hermana ayudaba a la madre con los niños pequeños, que habían nacido muy seguidos unos de otros, y de esta manera se hacía con su derecho a existir. Se casó pronto, tuvo hijos, no tantos como su madre, y finalmente murió a los treinta y ocho años a causa de un cáncer. Por lo tanto, la primogénita estaba marcada por el sentimiento del miedo y su correspondiente represión. Ahora bien, Helma, la segunda, ha experimentado una actitud contrafóbica, se comportaba como si no tuviera miedo a nada.

---

103 Neumann, 1963, pp. 95 ss., 145.

Ésta es también una forma de afrontar el miedo: uno tiene miedo, pero se muestra decididamente resuelto y lo disimula de esa manera. Pero el miedo lo sentimos en el cuerpo y éste no se deja engañar; a pesar de mostrarse valiente hacia fuera, el cuerpo se mantiene en tensión. Helma desarrolló pronto una considerable independencia, una autonomía forzada y práctica para la vida. También ella se convirtió en alguien útil para su madre: se encargaba de ir al registro civil para inscribir a los «nuevos niños». Más tarde fue ella quien hablaba con los profesores sobre sus hermanos, arreglaba los papeleos del banco y de la administración. Asumió una parte del papel de su padre. Hoy en día sigue teniendo un gran talento para la organización y tiene muchas buenas ideas sobre cómo arreglar las cuestiones prácticas del día a día. Esa independencia, a pesar de que la desarrolló de forma forzada, sigue siendo un valor en sí misma, al igual que su capacidad para ser autónoma, aunque sea una autonomía forzada. Sería terapéuticamente fatal desvalorizar las estrategias de supervivencia de estas personas, que podrían ser en sí mismas unas habilidades extraordinarias para superar la vida, pues si lo hiciéramos, les quitaríamos un valor que para ellas es absolutamente central.

No obstante, incluso en las peores situaciones de la vida existen oasis, situaciones en las que se puede vivir bien. Y precisamente muy pocas personas con una vida más satisfactoria son capaces de percibir y disfrutar de estos oasis de una forma especial. Helma contaba que su madre habitualmente era inaccesible, estaba como en una burbuja, en su propio mundo; pero cuando tocaba el piano la atmósfera se transformaba por completo. «Cada vez que tocaba era como si fuera Navidad». La música era un auténtico oasis en la vida de Helma. Con doce años consiguió una audición en una conocida orquesta juvenil que actuaba por todo el mundo. Fue ella misma quien solicitó la audiencia cuando una compañera de clase le habló de esa orquesta. Al principio la madre también se opuso a que lo hiciera: «Si quieres hacer el ridículo, ¡ve a tocar!». A pesar de todo, Helma fue a hacer la audición, la aceptaron y viajó por todo el mundo con la orquesta. «Era un lugar en el que por fin podía estar yo, en el que incluso tenía que estar, en el que era importante». Por primera vez tuvo la sensación de pertenecer a algo, de tener derecho a existir, la sensación de que cuentan con ella. Obviamente, esta situación también iba unida a una enorme revalorización narcisista. Dentro de la orquesta desempeñaba el papel de madre para sus hermanos más jóvenes, quienes también fueron siendo admitidos, y esto la sobrepasaba. Las personas con complejo materno negativo originario también pueden justificar su derecho a existir desempeñando el papel de madre hacia otras personas, dándoles aquello que ellas mismas no han recibido. Y no es una mala estrategia, porque al fin y al cabo así también se desarrolla «lo maternal» en el sistema. Lo peligroso de esto es que estas personas se exceden fácilmente. Como no han desarrollado el sentido de la sensibilidad para consigo mismos, no saben cuándo tienen que parar. Y dado que ésta es la manera que tienen de obtener su derecho a vivir, y a tenor de las reacciones y comentarios de los demás, tienen la impresión de no recibirlo, creen que deben seguir haciendo más y más, con la idea errónea de que así –si hicieran de madre o mimaran lo suficiente o los otros– obtendrían su derecho a existir.

En la orquesta juvenil sólo se podía permanecer hasta los veintiún años como máximo, así que Helma la abandonó a esa edad. Entonces empezó sus estudios universitarios –y se derrumbó–. Sin la orquesta volvía a no ser nada, no tenía identidad. Este colapso se manifestó con diversas molestias funcionales, muchas infecciones, pielitis, sinusitis y diarreas que no conseguía cortar. Recibió tratamiento en una clínica psicosomática y después hizo una terapia con un psicólogo, pero tuvo que abandonar sus estudios. A pesar de todos estos tratamientos siguió teniendo un comportamiento contrafóbico. Sólo más tarde, cuando contaba ya con cuarenta años y volvió a someterse a una terapia analítica, pudo reconocer cuánto miedo tenía y qué importante era para su identidad admitir su miedo. «Desde que tengo miedo soy realmente yo». «Desde que tengo miedo siento que tengo un cuerpo». Durante media vida tuvo que demostrarse a sí misma que estaba medianamente preparada para la vida, hasta que fue capaz de abandonar sus estrategias de compensación y así entenderse de una forma nueva a sí misma y su proceso de evolución personal a lo largo de la infancia.

Helma era capaz de diferenciar claramente entre su sentimiento vital anterior a los treinta años, cuando estaba en terapia, y su sentimiento vital posterior a los treinta, cuando al menos en el campo profesional se hizo con un lugar en el mundo. No obstante, su sentimiento vital siguió siendo el de estar encerrada: «Durante mucho tiempo he tenido la sensación de estar encerrada en mi interior, como alguien que tiene una coraza alrededor. Es necesario tener esta coraza, pues la vida es fría. La vida sigue siendo fría. Ésa ha sido mi postura». Como ejemplo de ello añade que hasta los cuarenta y dos años no ha sabido que si hace frío se puede utilizar una bolsa de agua caliente o poner una manta más en la cama. Esto se lo sugirió una compañera de trabajo. Está convencida de que para conseguir amor hay que hacer algo, pero que por lo general no se obtiene.

«En realidad nunca llegas a formar parte del todo». Aquellos que están marcados por el complejo paterno positivo originario también tienen la convicción de que hay que hacer algo para obtener amor, pero también tienen la esperanza de alcanzarlo. En cambio, las personas que están marcadas por el complejo materno negativo originario se ponen demasiado alto el listón que se exigen a sí mismas para considerarse dignas de ser amadas, es inalcanzable. No obstante, Helma intentó ser útil a los demás bajo el lema: «Disculpe que exista, ¿puedo ayudarle en algo?». Helma tenía la impresión de que siempre daba mucho, en cambio los demás le decían que ella «siempre quería demasiado». Este tipo de interacción no puede funcionar: aquellos para los que hacía de madre, exagerando en su papel incluso, sentían en última instancia que no se trataba de eso; el derecho a existir que tendría que haber obtenido no lo puede obtener del exterior.

Hasta más allá de los treinta, Helma tuvo muy poco contacto con su propio cuerpo, aunque se vestía con mucha estética. Tenía la sensación de que su vida y también su cuerpo eran tan vergonzosos que tenía que taparlos, y lo mejor era hacerlo con ropa bonita. Helma tuvo muchísimas experiencias sexuales, pero muy pocas relaciones más o menos duraderas. Como niña que había sido forzada sexualmente en su infancia, Helma no volvía la espalda a los hombres, sino que les daba lo que querían: «¡Tomad lo que queráis y dejadme en paz!». Por lo demás, pensaba que había que tener relaciones sexuales, pues si no, no se es normal. Posiblemente al hacerlo sentía también algo del calor que tanto echaba en falta; o quizás reaccionara también al hecho de que una persona mostrara un cierto interés hacia ella. Le gustaba experimentar el tener poder sobre los hombres y cada vez se fue haciendo más consciente de ello, le gustaba poder seducirlos. El encuentro sexual no lo disfrutaba de verdad.

Hoy en día sigue siendo extremadamente hábil en cuestiones de supervivencia y comparte con otras personas sus conocimientos al respecto, deja que otros también saquen provecho de sus conocimientos. Se considera generosa «cuando la gente obra de buena fe conmigo». Por lo tanto, sigue estando vigente la frase del complejo en sentido literal: «No creas que las personas obran de buena fe contigo». Helma no es capaz de expresar lo que para ella significa «obrar de buena fe conmigo». Después de una larga terapia entendió su frase: cuando es capaz de conectar, admitir intuitivamente a las personas y sentir un cierto apego con ellas, entonces tiene la sensación de que estas personas obran de buena fe con ella.

Desde fuera, Helma es calificada de «desconfiada». Controla el entorno, pregunta con detalle qué es lo que ha pretendido decir con cada frase. Pero ella no se ve a sí misma como alguien desconfiado, sino como alguien realista. Con este trasfondo acomplejado es comprensible que tenga una gran necesidad de tener una visión completa de las situaciones, de controlarlas. Ella lo llama a esto ser realista –algo inmanente al complejo–, aunque desde fuera puede parecer una actitud desconfiada. De su madre personal está muy distanciada. Con frecuencia ocurre que las mujeres con complejo materno negativo originario permanecen muy unidas a sus madres, se dejan tiranizar por ellas, luchan entre ellas por detentar el poder –siempre con la esperanza de obtener la bendición de la madre, aunque sea con retraso–. Pero Helma no se alimenta de esta «esperanza».

¿Cómo puede vivir una mujer con un complejo materno negativo tan complicado y con un complejo paterno tan ambivalente? Helma desarrolló una autonomía forzada y agotó por completo los oasis que existían dentro de su región del complejo, la música. Precisamente esta independencia que se exigió a sí misma para confirmar su derecho a existir le posibilitó organizar su vida fuera de su oasis durante un par de años, en los que se le abrieron nuevas perspectivas que le dieron ánimo para seguir viviendo. Cuando la opción de la compensación se terminó, no estaba tan nutrida como para poder concentrarse en otras facetas de su vida, así que fue arrojada de vuelta a su ser, hizo una terapia en la que posiblemente se enfrentó por primera vez con su propia historia y, con algo de autoempatía, pudo encontrarse un poco a sí misma, es decir, pudo encontrar más partes de su personalidad que realmente se correspondían con su propio *Selbst*.

Otro de sus oasis durante su infancia fue la literatura. De niña, Helma leía mucho, aunque a su madre no le gustaba: «¡No leas todo el tiempo, mejor haz algo!». Sobre todo leía biografías con final feliz, a través de la fantasía se buscaba proyectos de vida felices. Por lo tanto, aunque oculta, tenía la esperanza de una vida feliz. Desde el principio, Helma había buscado un sitio en el mundo paterno, y durante la carrera lo amplió aún más. Aunque tenía mucho talento, debía «esforzarse» siempre mucho, porque, si no, tenía la impresión de no tener derecho a vivir. Cuando se está marcado por un complejo materno negativo nunca se trata del trabajo realizado en sí ni de cualquier otra cosa que se haga, sino de obtener el derecho a vivir.

Madres desbordadas
Cómo se origina un complejo materno negativo

El complejo materno negativo originario no depende sólo de la interacción del niño con la madre personal, sino del campo materno en su totalidad. Madres que no querían tener hijos y que posteriormente no son capaces de entenderse con ellos, dejan al niño pocas opciones para una buena interacción.

Madres desbordadas porque sus parejas no asumen su parte o inconscientemente desvalorizan a las madres y su dedicación a la relación suelen ser poco empáticas en su interacción con el hijo. Madres desbordadas que se ven a sí mismas pero no al hijo también tienen dificultades para dejar que el niño se desarrolle conforme a su naturaleza. Las mujeres que tienen un complejo materno negativo originario y que en su desarrollo personal no han salido de él suelen tener dificultades para mostrar por el hijo un interés realmente auténtico. También se origina un complejo materno negativo originario cuando el educador y el niño no congenian: existen auténticas incompatibilidades entre un padre o una madre y sus hijos. Si en la familia sólo una de las personas de referencia es capaz de establecer relación con el hijo, entonces se convierte en algo muy complicado, sobre todo si las interacciones cada vez se hacen más difíciles, el complejo más afectivo y las dos partes implicadas se hacen cada vez más incompatibles. También hay que pensar lo difícil que se le hace a la mujer encontrar su identidad. Si la mujer se convierte en madre, parece que enseguida debe encontrar su identidad como madre, de un día para otro debe ocupar este campo femenino de forma positiva. Esto es viable para una mujer con un complejo materno suficientemente positivo. Pero es dudoso que, en un sistema social en el que la mujer sigue siendo desvalorizada encubiertamente, encuentre ésta repentinamente su identidad completa como madre idealizada.

«Como paralizado»

El complejo materno negativo originario en el hombre

D ado que la mayoría de los hombres que están marcados por esa impronta del complejo se refugian en el mundo del trabajo y de los resultados –un mundo que para nosotros sigue estando representado por el mundo paterno–, donde se exigen mucho a sí mismos –e incluso demasiado–, esta impronta del complejo, aunque sea complicada, es más fácil de manejar para los hombres, especialmente si son hombres con talento y capaces de alcanzar el éxito en ese universo paterno. Por su parte, las mujeres con esta impronta del complejo tienen que superar graves problemas de identidad; si se refugian con éxito en el mundo de los padres, estarán especialmente amenazadas porque entonces desarrollan una identidad derivada de ellos. Las mujeres que tienen menos éxito en el mundo paterno tienen que enfrentarse a sus problemas de identidad.

De los dolores de barriga al terror
Helmut

Hombre de cuarenta y seis años que viene a terapia para tratarse por síntomas de cardiofobia. Recuerda una imagen de su vida, la imagen de una experiencia que cree haber tenido constantemente: Su madre mira por la ventana y llora. Está nevando. Helmut piensa que ha roto algo y que tiene la culpa de las lágrimas de su madre. (¿Por eso?) no puede correr hacia su madre y consolarla. Está como paralizado. Esta experiencia se repite constantemente y cree que la tuvo de forma consciente por primera vez con unos tres o cuatro años. Más tarde, dice, sintió aún con más claridad

que tenía que decirle algo a su madre, que incluso quizás tenía que to-
carla, pero tenía un sentimiento de culpa que achacaba a todas las cosas
y a la vez a ninguna, y esto le impedía acercarse a su madre. Dice que los
dos fueron muy infelices.

Otra imagen: «Poco antes de mi primer día de colegio. Mi corte de
pelo es ya el que aparece en la foto de ese primer día de cole. Tengo
dolor de barriga, como ocurre a menudo, pero esta vez es muy fuerte.
Mi madre está junto a mi cama y dice: "Si pudiera hacer algo, si pudiera
hacer algo". Yo me siento indefenso y tengo la impresión de que mi dolor de barriga también atormenta a mi madre. Me sentía atormentado y
desamparado». Otra imagen: «Llevo horas sentado en el inodoro. Sé que
no puedo ir con los demás hasta que no haya hecho algo». Los otros le
habían excluido, le habían dejado solo con su mala digestión. Él se sentía
solo en el inodoro, obligado «a hacer algo», concentrado en sus dolores
de barriga y con la sensación de no poder hacer algo por simple man-
dato. Otra imagen: su hermana está jugando en la mesa sin causar problemas, su hermana está comiendo feliz, su hermana siempre va vestida
de blanco. Él quería y admiraba a su hermana, aunque ella estaba algo
apartada de él, tenía tres años más y no era nada problemática.

Al padre no se le podía molestar porque trabajaba duro. Helmut apenas recordaba que su padre se hubiera dirigido a él alguna vez durante
su primera infancia. Tenía la impresión de estar solo con su problema
físico y su incapacidad de consolar a su propia madre, solo con su madre; su hermana era una estrella brillante, pero no muy real, que estaba
al margen de su existencia. El padre estaba ausente; tiempo después oyó
que intentaba desesperadamente mantener a flote una pequeña empresa.
Helmut se acuerda de una frase que le dijo su padre el primer día de colegio: «Ojalá que te estabilices un poco, siempre tienes algo». Helmut no
comprendía la palabra «estabilizar», pero no se atrevió a preguntarle por
su significado y se lo preguntó semanas más tarde a su profesora. Lo que
escuchó de su padre fue una crítica y una pequeña esperanza, pero lo que
realmente le sorprendió fue que su padre se dirigiera a él directamente.

Helmut describe a su madre como una mujer cariñosa, insegura y
depresiva que vive para sus hijos. La hermana es más bien una mujer
discreta e independiente, sin ningún tipo de problemas psicosomáticos.

Posteriormente, la madre le contó a Helmut que ya de bebé había tenido muchos problemas de barriga y que había consultado a médicos y comadronas al respecto, pero que nadie le supo dar una solución. Esto hacía que ella sintiera que no podía estar a la altura de los cuidados que necesitaba su hijo.

Su madre, «que sólo vivía para sus hijos» –en su interacción con el bebé con problemas de digestión–, se fue sintiendo cada vez más desamparada con respecto a esta situación. Esta sensación de desamparo parecía ir acompañada de sentimientos depresivos que, a su vez, provocaban en el niño la sensación de desamparo. De este modo se desarrolló un círculo vicioso de desamparo, y madre e hijo estaban convencidos de que las personas no pueden prestarse ayuda unas a otras y que ellos en concreto no pueden hacer nada cuando otros se encuentran mal. Las necesidades de Helmut pasaron inadvertidas, aunque lo más probable es que la madre sólo estuviera pendiente de él. A pesar de sus dolores de barriga, no tuvo nunca la sensación de tener un derecho incuestionable a existir y muy pronto tuvo que expiar por ello intentando dar ánimos a una madre a la que era evidente que era imposible animar. El padre estaba absorbido por el mundo externo y no podía encargarse de ello, y si no hubiera estado tan absorbido habría que aclarar si es que no se sentía decepcionado por un hijo «poco estable». Helmut fue un alumno sobresaliente, pero su padre repetía después: «Al menos eres un buen estudiante». Helmut oía la expresión «al menos» y se ponía triste. A él también le hubiera gustado complacer a su padre.

El sentimiento predominante al menos durante los diez primeros años de su vida fue el de sufrimiento y éste sigue siendo hoy su sentimiento vital: «Desde que recuerdo siento un pellizco en el estómago. Y eso me produce la sensación de que no puedo confiar en este mundo, siempre te duele algo, que sea un dolor físico o del alma no importa mucho: simplemente duele». De niño se fue sintiendo cada vez más culpable de la depresión de su madre, pensaba que la había decepcionado. Helmut dice que aún hoy en día, cuando ve a una persona desanimada y abatida, tiene que decirse a sí mismo que no es por su culpa, o al menos no exclusivamente. Tiempo después, cuando Helmut ya tenía veinticinco años y estaba casado con una mujer que debía ingresar en el hospital con frecuencia debido a sus depresiones, su madre llegó a consolarlo:

le dijo que ella de joven también tuvo fuertes depresiones y que éstas mejoraron a lo largo de la vida. Si ella –o su padre– le hubieran proporcionado esa información antes, le habrían ahorrado al adolescente unos cuantos sentimientos de fracaso. A pesar de que su madre lo observaba minuciosamente, Helmut fue, en realidad, un niño inadvertido. Así que «a modo de recuerdo» sigue padeciendo curvas de fiebre que su madre estuvo controlando durante más de tres años. Helmut no podía salir al aire libre, a no ser que el tiempo fuera muy moderado. Esto le provocaba la sensación de ser un marginado, también con respecto a los otros niños, la sensación de no formar parte del grupo. La familia le proporcionaba tímidamente el sentimiento de solidaridad emocional, que al fin y al cabo es el sentimiento de solidaridad social. Todos tenían que mantenerse unidos, recuerda que su hermana jugaba mucho con él aunque ella hubiera preferido jugar con niños de su edad. La participación emocional de los miembros de la familia entre sí es muy escasa. En lugar de un «sentimiento vital oceánico» lo que había era «pellizcos en la barriga y diarrea»; además, la madre y el padre les habían transmitido que hay que dominarse, que el control es importante en cualquier situación, que hay que «mantenerse a raya». Sin embargo, este complejo también tiene sus oasis: Helmut fue un alumno excelente, le gustaba leer novelas de aventuras y tenía una gran imaginación espacial, se le daba muy bien hacer construcciones que él mismo inventaba y recuerda que al menos su abuelo lo elogiaba. Y entonces la relación con su hermana cobró atractivo para él, Helmut hacía lo que su hermana quería de él, la admiraba y la envidiaba en secreto.

No obstante, el oasis del colegio no era tan perfecto: como era un niño afeminado, los compañeros se burlaban de él, así que Helmut se esforzó por ser un alumno aún más aplicado. Copiaba cada hoja una y otra vez, hasta que no hubiera en ella ni una falta o, en caso contrario, era presa del pánico porque con el cansancio cada vez cometía más fallos. Aquí ya empezó a mostrar rasgos compulsivos. Después completó sus estudios universitarios con muy buenos resultados y su carrera profesional fue extraordinariamente exitosa.

Como ya se mencionó anteriormente, se casó con una mujer que sufría depresiones, como se comprobó después. Con ella tiene tres hijos, dos chicos y una chica, con los que tiene una relación buena y cálida. Todo parecía ir bien; a través de la relación con su mujer se dio cuenta de que en ocasiones él era plenamente capaz de animarla y que ella experimentaba una sensación de seguridad que nunca antes había conocido en su vida, gracias a su buen hacer. Ante ella él no se sentía tan desvalido como con su madre cuando era un niño. Pero entonces conoció a una mujer que le hizo ver que se sentía atraída por él y su reacción fue dedicarse aún más al trabajo durante varias semanas, intentó reprimir la seducción a la que estaba siendo sometido y de la que hasta entonces había conseguido «escapar felizmente». Debido a su estructura compulsiva, el mecanismo de defensa que eligió fue el de introducir aún más orden, más control en su vida. Pero eso sólo funcionó durante unos meses, las situaciones en las que se sentía seducido se hicieron cada vez más frecuentes, cada vez más mujeres mostraban su interés por él y Helmut empezó a tener «fantasías eróticas». Estas seducciones de tipo erótico, independientemente de quien las causara, se fueron haciendo más amenazadoras.

Si observamos estas situaciones de seducción no como trastornos, sino como expresión de su desarrollo, como una llamada de la vida a ese hombre, entonces se pueden entender como el despertar de una cualidad de ánima en su psique que él proyecta sobre «mujeres seductoras», una cualidad de ánima que inicialmente podría traer una pasión erótico-sexual. Esta ánima parece ser más relajada que la imagen que él proyectaba sobre su hermana y que también revivía otras cualidades vitales diferentes a las de su mujer.

Estas situaciones de seducción, que cada vez se iban haciendo más insistentes, derivaron en una neurosis cardíaca ligada a un profundo miedo a sufrir un infarto y morir, lo que le llevó a consultar a varios médicos.

Su primer ataque lo sufrió una mañana de domingo, cuando dudaba si debía quedarse con su mujer o ir a jugar al golf, donde sabía que lo esperaba «una de sus seducciones eróticas». De repente empezó a sentir palpitaciones, opresión, asfixia y sudoraciones y tenía la sensación de que el corazón se le paraba, que iba a morir. Llamaron al médico de urgencias.

Para la psicodinámica, detrás de esta neurosis cardíaca está el tema del miedo a la separación. Helmut no ha llegado a separarse realmente, su madre, que era una mujer insegura, lo mantuvo vinculado a ella durante demasiado tiempo, pero no se trataba de una simbiosis de las que transmiten un sentimiento de plenitud vital, sino de una simbiosis que exigía retirada así como un trato controlado con el miedo, una simbiosis que provocaba una clara proyección de los miedos sobre el cuerpo, y éste tenía que ser observado constantemente. Esta simbiosis protectora y represiva –no porque uno quiera obtener algo bueno, sino porque quiere excluir lo malo, pero de esta forma también quiere excluir el mundo y por eso también lo declara peligroso– deja poco espacio al desarrollo que conduce a la autonomía. Además, la imagen de la madre del complejo materno fue transferida inconscientemente y sin fisuras a la mujer, por lo tanto no tuvo lugar ninguna separación real. De este modo, una tentación erótica supone ahora un acto de separación que lleva a una gran incertidumbre y además conlleva una pesada carga, porque «esto simplemente no se hace». La pérdida del apoyo que se ha tenido a lo largo de una vida amoldada, casi controlada, se experimenta como miedo a la muerte, en este caso proyectado sobre un posible paro cardíaco. Este miedo a la muerte tendría también un cierto significado, pues si Helmut finalmente cediera a la tentación, el viejo Helmut estaría «muerto».

Por recomendación de uno de sus médicos acudió a terapia, con el ruego de hacer desaparecer ese miedo.

Helmut causaba la impresión de ser un hombre depresivo, que mantenía en jaque su carácter depresivo con un comportamiento socialmente muy aceptado, muy controlado y que parecía artificial. Lo que añoraba era el complejo materno positivo originario. De este modo decía: «Ya me puedo esforzar tanto como quiera, que no llego a sentirme verdaderamente vivo. La plenitud vital que deseo, sencillamente no existe».

Desconfianza original y miedo
Resumen del complejo materno negativo originario

Lo que tienen en común las personas con un complejo materno negativo originario es que tienen la impresión de ser un *Selbst* malo en un mundo malo, que no tienen un derecho a existir incuestionable y que además tienen ellos mismos la culpa de todo esto. Se mantienen muy apegados, de un modo casi «pegajoso», a la relación con su madre o con las personas a la que pueden transferir su complejo materno, incluso aunque no los traten como ellos quisieran. Perseveran en la relación porque, inconscientemente, siguen esperando la «bendición de su madre», esperan que su madre reconozca su error al haberles desvalorizado. Estas personas también tienen la sensación de no formar parte realmente de nadie; aunque se esfuerzan mucho en hacerse imprescindibles, no logran tener el sentimiento de pertenencia incuestionable al que aspiran. De esta forma se refuerza la expectativa asociada a su complejo de ser rechazado y despreciado constantemente, ser mal visto, ser maltratado. A consecuencia de esto y con la convicción también asociada a ello de ser un yo aislado, se generan grandes dificultades relacionales. En lugar de confianza original y su correspondiente sentimiento vital positivo, reinan la desconfianza original y el miedo y esto provoca que todo aquello que pueda ser controlado tenga que ser controlado. Este comportamiento compensatorio se suele interpretar y experimentar desde fuera como un «complejo de poder», pero, en realidad, se trata del intento desesperado de una persona que se siente impotente de no hundirse. La desconfianza originaria, vinculada a la experiencia infantil de tener que observar minuciosamente la situación que se da en casa para así poder evitar situaciones demasiado peligrosas o poder aprovecharse de otras más ventajosas, provoca que estas personas aprecien cada una de las manifestaciones emocionales de sus semejantes, cada mínimo cambio emocional, y lo interpreten a la luz del complejo dominante, casi siempre como repulsa, rechazo o agravio. Pueden reaccionar con ira reprimida, con agresiones pasivas, o bien con mucha ira, pero esto también deja al descubierto su núcleo emocional, muestra dónde están vivos aún. En este sistema normalmente no se ha aprendido bien a manejar las agresiones.

Ligado a la desconfianza originaria está el sentimiento de desesperanza. En lugar del sentimiento de una participación incuestionable en el mundo, en todo lo que ofrece el mundo, en otras personas, domina el sentimiento de estar expulsado, y éste desata una lucha tremenda por la pertenencia. La rivalidad suele estar casi siempre muy desarrollada, pero el amar de forma activa más bien poco, incluso aunque estas personas se tomen muchas molestias hacia los otros en el ámbito de las relaciones. El fuerte deseo de un sentimiento vital oceánico, el fuerte deseo de poder entregarse con absoluta confianza a la vida es muy grande, pero irrealizable. La convicción de que hay que luchar para lograr lo que no se tiene –en el caso de tener una vitalidad más positiva y más oasis dentro de la impronta del complejo–, o el reproche permanente ante el mundo de sus carencias, el reproche de que nunca lo han tratado bien –en el caso de tener una vitalidad más negativa y menos oasis en el complejo negativo originario–, no proporcionan los sentimientos anhelados de amor, aceptación y buena autoestima.

Muy a menudo, estas personas escogen el camino que pasa por el complejo paterno: intentan conseguir la autoestima y la sensación de ser dignos de ser amados a través del esfuerzo. También a través del esfuerzo en su sentido más amplio intentan ganarse el derecho a su existencia en el ámbito social.

En el caso de los llamados trastornos narcisistas, siempre hay un complejo materno negativo originario, vinculado a un complejo paterno poco acentuado.[104] En el complejo materno negativo originario, además del acusado problema de autoestima unido a otras muchas formas de fobia, llama la atención con qué frecuencia se manifiestan en el cuerpo los problemas vitales que este complejo genera, con qué frecuencia aparecen trastornos psicosomáticos en un sentido amplio.

Muchas de las personas con esta impronta del complejo tendrán que acudir a terapia, especialmente si no consiguen aceptar y valorar lo vital y estimulante que les sucede en sus vidas. Una vez que han aceptado lo mucho que se identifican con la imagen de la madre a la que no aceptan y hasta qué punto son capaces de desempeñar ese papel con otras personas, entonces pueden proceder con agresividad contra las tendencias destructivas que habitan en ellos, y pueden manifestarse tremendamente agradecidos por el cariño o simplemente por la plenitud del mundo que ahora perciben. Pero hasta llegar ahí hay que recorrer un largo camino, y como las personas con esta impronta del complejo se sienten culpables sobre todo, aunque de una forma difusa, es muy difícil para ellos ver, aceptar y también luchar contra esta identificación que es tan problemática. Pueden llegar a hacerlo cuando se consigue hacerles comprender la difícil situación que vivían de niños, cuando se consigue transmitir empatía con ellos y su difícil situación de niños y hacerles sentir que ellos no tenían la culpa. Sólo entonces es posible, pero también necesario, ave-

---

104   Jacoby, 1985, pp. 177 ss.

riguar dónde actúan identificados con la parte materna de su complejo materno, o dónde proyectan la imagen de la madre de su complejo materno en el mundo y en el prójimo. Por lo demás, en el marco de la terapia es especialmente importante que estas personas sean advertidas, que sean percibidas, que sientan que se muestra interés hacia ellas y que se las anime a expresar sentimientos diversos para de esta forma llegar a averiguar cómo son y qué saben. También es extraordinariamente importante reconocer el auténtico valor de sus estrategias de supervivencia y no entenderlas sólo como mero acto de compensación. Esta impronta del complejo tiene la tendencia a deteriorar «todo», la vida entera, la percepción de uno mismo entera, por eso es muy útil dirigir la mirada a los oasis y a otros complejos.[105]

Tener relación con mujeres podría ser en sí misma una opción para activar otras imágenes femeninas en la psique propia, pero si esta impronta del complejo está muy marcada, esta opción está bloqueada inicialmente y, además, sólo cabe esperar cosas malas del resto de las mujeres. Si queda ahí una puerta abierta o en qué momento se podrá abrir esa puerta, depende de qué mujeres permitieron durante la niñez otros modelos de interacción diferentes a los que existían con la madre, con los que se pudieran activar otras improntas del complejo –a partir de un complejo materno más sustentador–. Las relaciones de amistad con mujeres posibilitan que siga viva la esperanza de encontrar lo maternal sustentador, que al menos se considere posible la existencia de un modelo diferente del *Selbst* y del mundo, aunque «sólo» sea gracias a la fantasía, a la literatura. Aquí se hace patente que en la psique de los individuos siempre están trabajando fuerzas de autorregulación y que la fantasía y por lo tanto las posibilidades arquetípicas de lo maternal sustentador juegan un papel que no se puede subestimar en la corrección de improntas de complejo.

Extremadamente importante en esta constelación es el hecho de que las personas no esperan que nadie les conceda su derecho a existir, sino que son ellos los que deciden concedérselo a sí mismos, puesto que de hecho ya existen.

---

105   *Cfr.* también Kast, 1990, pp. 87 ss., 196 s.

«Machacado hasta la aniquilación»
El complejo paterno negativo originario del hombre

La atmósfera del complejo paterno negativo del hombre fue extraordinariamente descrita por Franz Kafka en su *Carta al padre*.[106] Esta carta, mediante la cual quiero poner de relieve los aspectos negativos típicos del complejo paterno negativo del hombre, la escribió Kafka con treinta y seis años, cinco años antes de su muerte, cuando estaba en el momento álgido de su creación literaria. Esta carta fue escrita después de un nuevo intento fracasado de contraer matrimonio. Probablemente la carta constituye un intento de desligarse del padre, después de que no consiguiera hacerlo mediante una boda.

Franz Kafka
Carta al padre

En cualquier caso éramos tan dispares y en esa disparidad tan peligrosos el uno para el otro que, si se hubiese podido hacer una especie de cálculo anticipado de cómo yo, el niño que lentamente se va desarrollando, y tú, el hombre hecho y derecho, íbamos a comportarnos recíprocamente, se habría podido suponer que tú me aplastarías simplemente de un pisotón, que no quedaría nada de mí. Sin embargo, no sucedió tal cosa, lo que tiene vida no es predecible, pero quizás haya ocurrido algo peor. Y al decirte esto, te ruego encarecidamente que no olvides que jamás he creído yo nunca en una culpabilidad por tu parte. Tú hiciste en mí el efecto que tenías que hacer, pero, por favor, deja de considerar como una malignidad especial mía el hecho de haber sucumbido a ese efecto.[107]

---

106 Kafka, 1975.
107 Ibídem, p. 9.

Este fragmento ilustra la atmósfera del complejo: el sentimiento vital de que el niño pequeño puede ser aplastado por el padre, más alto, en cualquier momento, es decir, que su derecho a existir depende absolutamente de éste y podría desaparecer en cualquier momento. ¿Qué otra cosa peor ha sucedido? Seguro que hace referencia a que es peor vivir con el temor a poder ser aplastado en cualquier momento a que realmente ocurra aquello que se teme. Pero antes de describir ese «algo peor» tranquiliza al padre. El hijo no quiere cargarle la culpa de tan terrible daño, pero sí quiere exonerarse al menos de su culpa. «Éramos tan dispares...», un pensamiento conciliador para una experiencia tan dolorosa.

Kafka describió después algo que se podría denominar recuerdo de complejo:

Sólo tengo recuerdo directo de un incidente de los primeros años. Quizás lo recuerdes tú también. Una noche no paraba yo de lloriquear pidiendo agua, seguro que no por sed, sino probablemente para fastidiar, en parte, y en parte para entretenerme. Después que no sirvieran de nada varias recias amenazas, me sacaste de la cama, me llevaste al balcón y me dejaste allí un rato solo, en camisa y delante de la puerta cerrada. No quiero decir que estuviese mal hecho, tal vez no hubo entonces realmente otra manera de lograr el descanso nocturno, pero con ello quiero caracterizar tus métodos de educación y su efecto en mí. En aquella ocasión seguro que fui obediente después, pero quedé dañado por dentro. Lo para mí natural de aquel absurdo pedir-agua y lo inusitado y horrible del ser-llevado-fuera, nunca pude ponerlo en relación correctamente, dado mi carácter. Todavía años después sufría pensando angustiado que aquel hombre gigantesco, mi padre, la última instancia, pudiese venir casi sin motivo y llevarme de la cama al balcón, y que yo, por tanto, no era absolutamente nada para él. Aquello fue sólo un pequeño inicio, pero la sensación de nulidad que muchas veces se apodera de mí se debe en mucho a tu influencia. Yo habría necesitado un poco de aliento, un poco de amabilidad, un poco de dejar-abierto mi camino; en lugar de eso tú me lo cerraste, con la buena intención, indudablemente, de que fuese por otro camino. Pero para eso yo no servía.[108]

---

108 Ibídem, p. 11.

Este recuerdo, que probablemente represente cualquier otra experiencia que Kafka haya tenido con su padre, retrata fielmente un aspecto esencial de su complejo paterno. El niño pequeño, que se atreve a perturbar la tranquilidad nocturna y así llama la atención sobre su persona y sus necesidades, es llevado hasta la puerta, indefenso y en camisa, es expulsado. Por lo tanto, una inofensiva expresión de vida independiente trae consigo que sea alejado, que no pueda estar con los otros miembros de la familia. Para el niño no es posible crear un vínculo entre ambos hechos, la exagerada reacción del padre debe parecerle una arbitrariedad. La consecuencia: el padre es experimentado como la «última instancia» que tiene en su mano convertir al niño en «nada», destruirlo –o, al menos, exponerlo a una vergüenza infinita–. También describe Kafka con claridad cómo se ha seguido constelando a lo largo de los años esta experiencia del complejo y se ha transferido a «lo paternal» y también a la última instancia como Dios padre: lucha constantemente con la idea de que «casi sin motivo» puede venir una última instancia como ésa y expulsarlo, exponerlo a la soledad y a la vergüenza, al sentimiento de nulidad. Inmediatamente después de este recuerdo, Kafka formula lo que él hubiera necesitado: aliento, amabilidad, un dejar-abierto el camino. Pero regían las leyes de la «última instancia», del padre.

Un aspecto esencial del complejo paterno negativo es el hecho de que las leyes que rijan sean las del padre, y si rigen las leyes del padre, eso quiere decir que no rigen las del hijo. Si el hijo no se puede rebelar en contra de esto –y si lo hace perderá la bendición del padre–, se desmorona y en el caso más extremo cae en sentimientos de nulidad, que están ligados a los de vergüenza y culpa. Ese ser-castigado una y otra vez tiene que estar asociado a una culpa de la que la víctima no sabe nada y que por eso es más torturadora y puede sospecharse en cualquier lugar: de aquí resulta el intento inútil, pero esa inutilidad tampoco se reconoce, de querer cumplir los deseos de la «última instancia», uno se vuelve manipulable. Si la «última instancia» consigue expulsar al hijo –y esta «última instancia» sancionadora puede ser transferida a diferentes figuras de autoridad muy fácilmente–, el hijo se sentirá destruido, avergonzado. Para Kafka fue especialmente amarga la experiencia de que las leyes que el padre le imponía a él no eran vigentes para su padre:

No se podían roer los huesos, tú sí. No se podía sorber el vinagre, tú sí. Lo importante era cortar el pan en rebanadas regulares, pero que tú lo cortaras con un cuchillo chorreando salsa, eso daba igual. Había que tener cuidado de que no cayera comida al suelo, donde más había al final era debajo de ti. En la mesa sólo había que ocuparse de la comida, pero tú te limpiabas y te cortabas las uñas, afilabas lápices, te limpiabas los oídos con un mondadientes. Padre, por favor, entiéndeme, en sí eso habrían sido detalles sin la menor importancia, y si a mí me agobiaban era sólo porque tú, un ser para mí tan absolutamente determinante, no acatabas los mandamientos que me imponías a mí. Por ello el mundo quedó dividido para mí en tres partes: una en la que yo, el esclavo, vivía bajo unas leyes que sólo habían sido inventadas para mí y que además, sin saber por qué, nunca podía cumplir del todo; después, otro mundo que estaba a infinita distancia del mío, un mundo en el que vivías tú, ocupado en gobernar, en impartir órdenes y en irritarte por su incumplimiento, y finalmente un tercer mundo en el que vivía feliz el resto de la gente, sin ordenar ni obedecer.[109]

El padre es experimentado como la medida de todas las cosas, que sólo inventa leyes para el hijo y de esta forma eleva a este hijo a un estado de unicidad que, no obstante, sale cara, pues el hijo, esclavo de estas leyes, nunca puede cumplir tales leyes. De este modo, el hijo es empujado a la soledad, a un mundo diferente al del padre, y convencido de no poder satisfacer las exigencias del padre y del mundo paterno. Por lo menos aún queda la fantasía de que podrían existir personas libres, más allá de las órdenes y las obediencias.

Un segundo aspecto del complejo paterno negativo del hijo consiste en que no se alienta al hijo a que siga su propio camino, sino que debe seguir el que el padre tiene planeado para él. Si el padre reconoce la naturaleza del hijo, esto podría resultar menos doloroso. Pero cuanto más piense el padre en sí mismo, cuanto más apartada tenga su mirada de él, las consecuencias de estos pretendidos «cuidados» serán más nefastas.

Un tercer aspecto del complejo paterno negativo del hijo –y considero que ésta es la auténtica esencia del complejo paterno negativo– consiste en que el hijo no puede establecer con el padre una «relación-de-nosotros», ni como interacción feliz en la que ambos tienen la sensación de que estando juntos se crea algo que ninguno de los dos por sí mismos podría crear, ni tampoco como identificación.

---

109 Ibídem, p. 17 s.

Esto también está reflejado en un fragmento de la carta al padre:

En aquella época, y en aquella época en todo momento, hubiera necesitado el estímulo. ¡Si yo ya estaba aplastado por tu mera corporeidad! Recuerdo, por ejemplo, que muchas veces nos desvestíamos juntos en una cabina. Yo flaco, enclenque, delgado, tú fuerte, alto, ancho. Ya en la cabina, mi aspecto me parecía lamentable, y no sólo ante de ti, sino ante el mundo entero, pues tú para mí eras la medida de todas las cosas. Pero cuando salíamos de la cabina delante de la gente, yo de tu mano, un pequeño esqueleto, inseguro, descalzo sobre los tablones, con miedo al agua, incapaz de imitar los movimientos natatorios que tú siempre me enseñabas con buena intención pero en realidad para mi gran vergüenza, entonces me sentía completamente desesperado y todas mis malas experiencias en todos los terrenos venían a coincidir maravillosamente en tales momentos.[110]

Una vivencia que normalmente sustenta la «vivencia-de-nosotros»: desvestirse junto al padre, aparecer delante de la gente de la mano del padre. La corporeidad del adulto no se experimenta como algo abrumador en complejos suficientemente positivos, el niño más bien se identifica con ella, al menos en el futuro. Sin embargo, Kafka se compara con su padre, debería ser como él y, conforme a la situación acomplejada dominante, se siente de nuevo «anulado», y el hecho de mostrarle los movimientos natatorios, cosa que podría ser considerado como algo cariñoso, se convierte en un símbolo de la incapacidad del hijo. En una situación en la que se podría experimentar perfectamente una cierta «vivencia-de-nosotros», el hijo experimenta la distancia. En este punto también se muestra la excesiva exigencia del hijo que ya la ha interiorizado y la experimenta como suya propia. Y esto es también un aspecto típico del complejo paterno negativo originario del hijo.

Kafka experimenta a su padre como una persona muy poco empática, como «última instancia» que ejerce el poder sin escrúpulos:

Para mí siempre fue incomprensible tu absoluta falta de sensibilidad para echar de ver qué dolor y qué vergüenza podías causarme con tus palabras y tus juicios de valor, era como si no tuvieses conciencia alguna de tu poder […]. Pero tú te lanzabas sin más al ataque con tus palabras, nadie te daba lástima, ni al decirlas ni después de haberlas dicho; uno estaba completamente indefenso frente a ti.

---

110 Ibídem, p. 12.

Un cuarto aspecto del complejo paterno negativo originario es la cuestión de sentirse sobrepasado:

Yo vivía en perpetua ignominia: o bien obedecía tus órdenes, y eso era ignominia, pues tales órdenes sólo tenían vigencia para mí; o me rebelaba, y también era ignominia, pues cómo podía yo rebelarme contra ti; o bien no podía obedecer, por no tener, por ejemplo, tu fuerza, ni tu apetito ni tu habilidad, y tú sin embargo me lo pedías como lo más natural; ésa era, por supuesto, la mayor ignominia.[111]

Aquí se muestra el hecho de sentirse sobrepasado de una forma compleja. Por un lado el hijo está sobrepasado psicológicamente: si sigue las reglas es una ignominia porque entonces se identifica como alguien que siempre se somete a las reglas del padre, que no es capaz de imponer sus reglas. Si se rebela, lo que debería hacer para autorrealizarse, eso es también una ignominia porque no está permitido por el padre («¡No protestes!»).[112] Estaba atrapado en reglas contradictorias que no le permitían encontrar las reglas de su propia vida. Pero junto a este estar sobrepasado psicológicamente hay otra cuestión más contundente y cotidiana: el no tener la fuerza ni el apetito del padre, no tener la habilidad del padre... De esta enumeración se puede concluir que para el padre era importante ser superior al hijo y que éste no pudiera distanciarse de sus ridículas exigencias. Esto también es típico en el complejo paterno negativo originario: uno siempre tendría que estar al nivel de la autoridad, y si no lo está, es razón para sentirse una nulidad. Pues sólo si uno fuera como esa «última instancia» tendría la posibilidad de no ser más su víctima. De este intento inconsciente de liberación, el intentar ser igual que la última instancia, lo que no obstante no traería la verdadera libertad aunque sí la posibilidad de desarrollarse y así abandonar la posición de víctima, se origina la actitud incurable de sentirse siempre sobrepasado, actitud que tiene como consecuencia que estas personas tengan que fracasar necesariamente en sus metas y de este modo se sienten aniquilados una vez más. Detrás de este sentirse sobrepasado se esconde además el deseo de ser como el padre, el deseo de poder construir una «relación-de-nosotros» y así obtener por fin la bendición del padre. Ese deseo es más apremiante cuanto más intenso sea el sentimiento del hijo de no ser el hijo que el padre deseaba.

---

111   Ibídem, p. 18.
112   Ibídem, p. 20.

En el complejo paterno negativo originario el hijo experimenta inicialmente la dominancia del padre que va acompañada de represión contra el hijo. De esta manera también se socava la confianza en el hacer de uno mismo entre otras cosas, y en consecuencia el hijo no tiene permiso para seguir su propio camino, es el «padre», o «un padre», el que sabe dónde está el camino correcto. Y a pesar de esto no existe ningún «sentimiento-de-nosotros», en lo esencial el hijo está expulsado como persona y atado como receptor de órdenes. Y a esto se le añade la exigencia de gustar al padre, de tener que ser igual que él para por fin ser aceptado. De este modo es inevitable fracasar. En esta compleja situación de tanta exigencia Kafka se quedaba sin habla:

> *Tu amenaza: «¡No protestes!» junto a tu mano levantada me han acompañado desde siempre. Delante de ti… empecé a hablar de forma entrecortada y tartamudeando, pero hasta eso era demasiado para ti; finalmente acabé por callarme, al principio quizás por obstinación, después porque delante de ti no podía pensar ni hablar.*[113]

Replegarse en el silencio es una posibilidad de salvarse, de esta situación imposible, al menos provisionalmente, pero es una actitud de superación que lleva a un aislamiento aún mayor.

Otra opción sería buscar relacionarse con otras personas. Esto también lo intentó Kafka, pero también se le hizo imposible:

> *Bastaba que yo mostrase un poco de interés por alguna persona –y eso, debido a mi carácter, no ocurría muchas veces– para que tú, sin ningún miramiento ni respeto hacia mi opinión, intervinieras de pronto insultando, calumniando, humillando.*[114]

Claramente no le estaba permitido que también le cayera bien otra persona. Seguramente eso habría conducido a que el valor del padre como medida de todas las cosas hubiera sido relativizado y también habría creado la condición previa para el desapego del padre.

Forma parte del complejo paterno negativo originario el que el hijo no sea entregado libremente a la vida, aunque le relación entre padre e hijo esté llena de decepción y tormento. O quizás precisamente por eso.

Otra vía de solución abordada por Kafka lo presenta como un auténtico hijo de su padre, asume, por así decir, su sombra:

> *Para autoafirmarme un poco frente a ti, en parte también por una*

---

113 Ibídem.
114 Ibídem, p. 15.

especie de venganza, pronto empecé a observar, a catalogar, a exa-
gerar pequeñas ridiculeces que veía en ti. Qué fácilmente te dejabas
deslumbrar, por ejemplo, por personas que casi siempre eran sólo
aparentemente superiores a ti, como algún consejero imperial o al-
gún otro personaje, y cómo podías hablar de eso continuamente...
O también observaba tu afición a las expresiones indecentes, dichas
lo más alto posible, riéndote como si hubieses dicho algo verdadera-
mente genial, siendo como eran una pequeña y vulgar indecencia (y,
a la vez, suponía para mí una expresión más de tu vitalidad que me
abochornaba). Diferentes observaciones de este tipo las hubo natu-
ralmente en cantidad; yo me alegraba al hacerlo..., pero, créeme,
para mí no era otra cosa que un método, por lo demás inútil, de
supervivencia, eran bromas como las que se cuentan sobre dioses y
reyes y que no sólo son compatibles con el más hondo respeto, sino
incluso inherentes a él.[115]

Al igual que su padre, quien veía claramente las debilidades de sus semejantes, les ponía nombre y los fustigaba –hay diversos testimonio de ello en la carta a su padre–, el hijo también veía con gran claridad los problemas del padre, su necesidad narcisista que le hacía idealizar a «los de categoría superior», su necesidad de decir palabras «indecentes» que probablemente fueran de carácter sexual.

Darse cuenta de las debilidades del padre y darles un nombre era una forma posible de diferenciarse del padre, de no confiarle el poder absoluto sobre su vida. No obstante, Kafka habla de un «método inútil de supervivencia», es decir, que, a pesar de ofrecer también esas otras caras más humanas o demasiado humanas, el padre seguía siendo algo así como un dios o un rey. Por lo tanto, no era posible que los dos se encontraran, al menos en sus debilidades, en una «vivencia-de-nosotros», ni que el hijo hubiera podido crear para sí mismo este «nosotros» en las debilidades. De esta forma, estas supuestas «vías de solución» de las ataduras del complejo demuestran ser callejones sin salida.

Surge la pregunta de cuál fue el papel de la madre en este enfrentamiento con el padre y con el complejo paterno. Como se trata de una carta al padre, es lógico que no se hable mucho de la madre. Parece ser una mujer devota de su marido, a quien amaba. Da la impresión de que

---

115   Ibídem, p. 27.

con su suavidad compensaba la dureza de su marido.[116]

> *Si quería huir de ti, tenía que huir de la familia, incluso de la madre. En ella siempre se podía encontrar protección, pero sólo en relación contigo. Te quería demasiado, te era demasiado fiel, te profesaba demasiada devoción como para poder ser a la larga una fuerza moral independiente en la lucha del hijo.*[117]

Como la madre no era una persona independiente, es decir, que con su ejemplo también le demostraba que era mejor ser parte de ese hombre, el hijo no contaba con una verdadera ayuda. Al contrario:

> *Inconscientemente, la madre desempeñaba el papel del montero en una cacería. Si, en el caso improbable de que tu educación, al generar despecho, rechazo o hasta odio me hubiera permitido hacerme independiente, la madre restablecía el equilibrio con su bondad, con sus palabras sensatas (en el caos de la infancia ella era el arquetipo de la sensatez), con su intercesión, y yo estaba otra vez reintegrado en tu círculo, del que si no, para tu provecho y el mío, quizás habría podido escaparme.*[118]

Es llamativa la imagen que utiliza Kafka: la madre como montera en una cacería, él la pieza que es conducida por la madre hacia el padre; el hijo como la pieza cazada para el que parece no haber ninguna posibilidad de liberación. No obstante, la idea de que sin la acción equilibradora y apaciguadora de su madre él se habría podido desligar del padre por medio del despecho o del odio me resulta bastante hipotética. Pero eso no cambia nada el hecho de que el hijo se sentía atrapado. Está claro que no era posible enfrentarse al padre.

> *Entre nosotros no ha habido en realidad ninguna lucha; yo fui eliminado muy pronto. Lo que quedó fue huida, amargura, duelo, lucha interior.*[119]

---

116   Ibídem, p. 36.
117   Ibídem, p. 35.
118   Ibídem, p. 28.
119   Ibídem, p. 39.

Atrapado en el autodesprecio
La dificultad de liberarse de este complejo

Más certero fuiste con tu rechazo a mi quehacer literario y a todo lo que, sin que tú lo supieras, estaba relacionado con él. En este punto me había alejado un tanto de ti, efectivamente, y por mis propios medios, aunque eso recordase un poco al gusano que, aplastado por detrás de un pisotón, se libera con la parte delantera y se arrastra apartándose hacia un lado. Me encontraba hasta cierto punto a salvo, podía tomar aire; en esta ocasión, y a modo de excepción, el rechazo que, como no podía ser de otra manera, sentiste de inmediato por mi actividad literaria, me resultó agradable. Aunque mi vanidad, mi amor propio sufrían ante la acogida, célebre entre nosotros, que reservabas a mis libros: «¡Déjalo encima de la mesilla de noche!» (casi siempre estabas jugando a las cartas cuando llegaba un libro), en el fondo me sentía bien así, no sólo por la malicia rebelde, no sólo porque me alegraba ver confirmado una vez más lo que yo pensaba sobre nuestra relación, sino también porque esa fórmula, pura y simplemente, me sonaba a una especie de: «¡Ahora eres libre!». Obviamente era un engaño, yo no era libre o, en el mejor de los casos no lo era aún. Lo que yo escribía trataba de ti, sólo me lamentaba allí de lo que no podía lamentarme en tu regazo. Era una despedida de ti intencionadamente demorada, despedida a la que tú me habías obligado, pero que iba en la dirección marcada por mí.[120]

El hecho de que Kafka marcara la dirección de su desapego con su labor literaria le da a ésta un significado muy superior en el proceso de adquisición de la autonomía a lo que sugiere la imagen del gusano. La escritura era un ámbito que no estaba marcado por el padre, en el que, por lo tanto, existía una relativa libertad. El hecho de que el contenido de sus escritos versara sobre los temas del complejo paterno, sobre todo aquello que llevaba la marca del padre y sobre lo paternal arquetípico, no habla en contra de un desapego en sus escritos, la cuestión sería si es posible constatar el proceso de desapego en las obras de Kafka. Es psicológicamente comprensible que tuviera la necesidad de escribir sobre el terreno del complejo que había dominado su vida, y esto no significa en absoluto

---

120   Ibídem, p. 50s.

que, a través del filtro de su experiencia, no pudiera describir experiencias esenciales y generales del complejo paterno. Precisamente con el caso de Kafka se demuestra hasta qué punto una tonalidad de complejo determinada, sobre todo si es unilateral, agudiza la sensibilidad hacia las manifestaciones de esta impronta del complejo en la cotidianeidad social. No obstante, aquí también se hace manifiesto hasta qué punto había interiorizado Kafka la parte paterna de su complejo paterno negativo originario. Por un lado juzgaba su obra exactamente igual que lo habría hecho su padre; la despreciaba. Por otro lado parecía conocer el valor de su obra para sí mismo. Por lo tanto, habrían sido experimentados los dos polos del complejo paterno, al menos visto desde fuera, aunque él sólo fuera consciente de la parte del gusano que al menos gracias a su creatividad se podía poner a salvo. A pesar de todo, él no era capaz de disfrutar de su éxito sin la bendición del padre.

La opinión que yo tenía de mí dependía de ti mucho más que de ninguna otra cosa, de un éxito exterior por ejemplo.[121]

Kafka intentaba desesperadamente «liberarse» de ese complejo que lo dominaba. Pero escribir en sí mismo no era suficiente, pues eso tampoco le proporcionaba la bendición del padre. Por eso lo intentó a través del matrimonio:

El matrimonio es, sin duda, garantía de la más radical autoliberación e independencia. Yo tendría una familia, lo máximo que se puede alcanzar según mi opinión, o sea, también lo máximo que has alcanzado tú, yo sería igual a ti, toda la antigua y perpetuamente nueva vergüenza y tiranía habrían pasado a la historia… El matrimonio es sin duda lo más grande y confiere la independencia más noble, pero al mismo tiempo está estrechamente ligado a ti… Pero siendo como somos, el matrimonio me está vedado precisamente por ser tu terreno más personal.[122]

Su intención de casarse fracasa, tiene que fracasar pues el sentido final del matrimonio no puede ser demostrar ser igual que el padre y de esta manera marcar el camino de un posible desapego. En sí mismo sería perfectamente posible que la fascinación provocada por la mujer hiciera vivir aspectos que no están ocupados por el complejo paterno. En este

121 Ibídem, p. 54.
122 Ibídem, p. 66 s.

sistema tan marcado por lo patriarcal, de hecho se trataría de apreciar e integrar lo femenino en todo su valor.

Emrich, en su interesante epílogo a la carta al padre, resume la problemática principal de forma concluyente:

«El *"Selbst"* absoluto, legitimador y masculino de Kafka no aprecia ningún *"Selbst"* absoluto, legitimador y femenino en la amada. De ahí que no pueda surgir un amor capaz de romper el círculo vicioso de dominar y ser dominado, de inferioridad y superioridad...».[123]

En este sistema del complejo paterno, la mujer no tiene un lugar adecuado a ella. El amor no es posible en este sistema. Por lo demás, Emrich opina que en esta carta Kafka no describe su problema con el padre, sino que lo que pretende es mostrar un mundo patriarcal, más aún, mostrar el final de un mundo patriarcal. El dios padre se muestra en su función de represor absoluto, los hijos se sacrifican con una enorme conciencia de culpa, sin que el sacrificio sirva para nada, la unidad de padre e hijo podría ser entendida como una unidad absoluta que, por otra parte, no puede ser alcanzada. Por último, las mujeres tampoco sirven para crear esa unidad.

Por su puesto que la carta también se puede entender de esta manera. El complejo negativo personal que con toda seguridad sufrió Kafka tiene su correspondencia en un mundo patriarcal. Aquello que en la vida del individuo fue destructivo resulta también destructivo en los sistemas que se basan en el dominio y la sumisión. Quien sufre un complejo personal, siendo además tan creativo, nunca describirá únicamente la parte personal del complejo, sino que describirá también su significado para la vida social y cultural.

Naturalmente, es posible interpretar esta carta desde la perspectiva colectiva, no tanto como el drama personal de Kafka, sino como un drama de los hijos con sus padres que se creen dioses y que por eso declaran nulos a sus hijos, porque sólo a duras penas consiguen mantener su autoestima. A pesar de eso, opino que este texto sí se puede entender como la descripción interior de un complejo paterno negativo originario, con todas las consecuencias.

Naturalmente, uno se pregunta por qué Kafka no consiguió emanciparse algo más de este complejo paterno. La carta en su totalidad está

---

123   Emrich, W., en: *Brief an den Vater*, Frankfurt am Main, Fischer Taschenbuch, 1975, pp. 75 s.

marcada por el hambre de obtener el reconocimiento del padre. Quería conquistar la bendición de su padre, no podía aceptar que tenía que vivir sin su bendición. Probablemente esta fijación con el complejo paterno está relacionada con el hecho de que realmente ambos tenían el deseo de quererse, pero que esto no era posible debido a las grandes diferencias que existían entre ellos. Se exploraron muchos caminos para salir de la estrechez del complejo; la creatividad habría sido una solución especialmente buena si Kafka no hubiera despreciado continuamente su propio trabajo por culpa de su complejo. Esa identificación con esa parte de juez que tenía en sí mismo, la última instancia, conlleva que toda vía de solución posible sea despreciada. En un caso así sólo podría ayudar un trato amable consigo mismo. Posiblemente la madre habría sido un buen modelo, pero en este sistema su papel era irrelevante porque todo lo que venía de ella también era objeto de desprecio.

Los aspectos principales del complejo paterno negativo en el hombre

1. El padre, los padres, son entendidos como los representantes de la ley vigente. A pesar de todos sus esfuerzos, los hijos siguen siendo nulos. La relación que se establece es del tipo autoridad-súbdito, no hay una relación solidaria del nosotros. Se rechaza la participación, se tiene la sensación de ser manipulado por el poderoso, de ser un esclavo. Es posible que se desarrollen manías persecutorias.

2. La ilusión de contar con un camino propio está prohibida. El padre o los padres deciden el camino que hay que tomar. No hay demanda de fantasías relacionadas con el camino de cada uno, lo que se pide es adaptación, que, por otro lado, nunca es suficiente.

3. Habría que ser igual que el padre; éste está en una situación de rivalidad con respecto al hijo que no ha sido expresada abiertamente. El hijo no recibe ningún impulso, sólo se le pregunta por qué aún no es capaz de hacer algo. No es posible experimentar satisfacción por el esfuerzo realizado ya que el hijo no termina de cumplir con las expectativas puestas en él. Da la impresión de que en la esfera del rendimiento, del esfuerzo, sí se ofrece la op-

ción de la participación que se niega en la esfera emocional. Pero no es más que un fraude, un engaño. No es posible conquistar esa participación porque el hijo jamás puede cumplir con las exigencias del padre, él se siente culpable y avergonzado. Pero aun cuando el hijo llegara a cumplir con las exigencias del padre o incluso superarlas, tampoco recibiría el reconocimiento del padre, pues éste impondría una nueva tarea «inalcanzable».

4. Los sentimientos imperantes en esta constelación del complejo son los de culpa y vergüenza, unidos al sentimiento de nulidad. Estos sentimientos originan con frecuencia estupefacción, además de venganza y destrucción. Poco a poco se intenta ser igual que el padre para, de esta forma, poder superar por fin estos sentimientos de culpa y vergüenza. Pero esto lleva a un callejón sin salida, pues uno lucha por conseguir un reconocimiento que nunca va a obtener, o al menos no de la forma que uno quisiera. Mientras uno aspire a obtener el reconocimiento de uno de los padres estará atrapado en su área de influencia. Uno no debería sacrificar ni el sentido de uno mismo ni la vida propia, sino que debería sacrificar la necesidad de ser aceptado por el padre. El derecho a existir debería proporcionárselo uno mismo.

Los hombres con complejo paterno negativo originario tienen una enorme necesidad de reconocimiento por parte de otros hombres. Pero si lo obtienen, entonces desconfían de ese reconocimiento, lo desvalorizan. El hecho de buscar la rivalidad a cualquier precio forma parte también de este complejo, incluso es un indicio de que la autoestima del hijo no ha sido completamente destruida, aunque tampoco incentivada. Esta rivalidad se experimenta como algo doloroso, pues él sabe que tiene que ser derrotado, que va a ser derrotado. Por un lado, esto está relacionado con el hecho de que la reprobadora instancia paterna del complejo está interiorizada desde hace mucho tiempo, inconscientemente forma parte ya del complejo del yo; por otro lado, estas personas no pueden ganar, porque entonces perderían todas las opciones de obtener la bendición del padre, que, en contra de toda razón, tanto desean. La forma en que se exigen a sí mismos, el implacable devaluarse y criticarse-a-sí-mismo, es también un comportamiento que arrastran consigo y llevan a la relación. De la misma manera que se muestran duros y exigentes consigo mismos, así también lo son con los demás. De la misma manera que no pueden reconocer lo que ellos mismos hacen, tampoco pueden reconocer el trabajo de los demás. El sentimiento vital de estas personas es el del esfuerzo extremo, pero sin poder disfrutar de sus éxitos. En cierto modo, se pasan la vida corriendo detrás de un fantasma con la lengua fuera, el fantasma que tendrían que ser (a los ojos del padre) y que nunca podrán ser.

Como ocurre en otros complejos dominantes, se trata de percibir en uno mismo de forma consciente los dos polos del complejo. Ante todo debe ser percibida y también frenada la parte del padre del complejo paterno que ha sido interiorizada. Frases como: «Todos los demás son geniales, yo soy un nadie» deben ser revisadas y puestas en relación a su origen acomplejado y deben prohibírselas a sí mismos, al menos provisionalmente.

La búsqueda del camino de uno mismo –sin la bendición del padre– es prioritaria. Esta búsqueda requiere sacrificar la idea de obtener tantos logros o incluso más que el padre. Si uno se apea de la rivalidad las esferas vitales que en la relación con el padre estaban silenciadas, se hacen visibles y «habitables»: se trata de las esferas del ánima.

«En realidad no sirvo para nada»
El complejo paterno negativo en las mujeres

Según sea el tipo de padre, el complejo paterno negativo originario se aprecia en diferentes esferas vitales de la mujer.

«Ya sé que tú nunca lo vas a conseguir»
Karin

Karin, mujer de veintitrés años que tiene un alto cargo en un banco. Está altamente cualificada y ya ha logrado un importante ascenso. Sin embargo, siempre está cansada, apática y sufre numerosas infecciones sin importancia. Su médico de familia le aconsejó que fuera a psicoterapia, pues pensaba que algo no iba bien con sus «defensas» y no podía estar condicionado sólo físicamente. Da la impresión de ser una persona eficiente, enérgica, que sabe lo que quiere, su paso es firme y no dice ni una frase de más ni una de menos. Tiene un llanto fácil, es un llanto atormentado. Al principio su gesto se tuerce sin emitir sonido alguno, después emite un tono ligeramente atormentado: parece como si el impulso de llorar y la prohibición de llorar fueran igual de fuertes y funcionaran a la vez. Se juzga a sí misma con ligereza:

«En realidad no sirvo para nada, simplemente nadie se ha dado cuenta. No tengo la perseverancia que se precisa para un alto cargo. Simplemente soy más trabajadora que los demás. Sustituyo la falta de talento por trabajo. Siempre me lo han dicho en casa y es verdad».

Karin tiene que cumplir con unas expectativas muy altas. Si no cumple con esas normas y con esos valores se convierte en nada, es decir, pierde su identidad. Pero aunque cumpla con las duras exigencias tampoco consigue nada, pues para ella es un error que los demás confirmen que su trabajo es bueno. Karin es muy exigente y dura con los demás. También critica con dureza a su jefe. Si las personas de su entorno no cumplen con sus exigencias también se convierten en «nada», no hay excusas ni posibilidad de perdón. Tiene una mirada muy crítica. «En eso soy una auténtica hija de mi padre». Pero no sólo tiene una mirada crítica, su vida entera es observada por una mirada crítica. Todo lo que hace es examinado desde un punto de vista crítico. Hay algo así como una mirada absolutamente crítica a la que tendría que someterse: el ojo de Dios, pero no en el sentido de un ojo bondadoso y benévolo. Se siente culpable constantemente, tiene la impresión de cargar con mucha más culpa que otras personas. Se acuerda de que su padre decía constantemente: «Unas pocas normas deben ser respetadas, si no es que no eres mi hija, pero yo sé (y aquí solía suspirar) que no lo vas a conseguir».

Intenta desesperadamente estar a la altura de estas exigencias con la profunda convicción de que no lo va a conseguir, pero con la esperanza atormentada de tal vez conseguirlo.

En su vida también hay oasis: tiene mucho talento con las manualidades, desde los dieciocho años trabaja el barro en su tiempo libre. De vez en cuando le sugieren que haga una exposición con sus originales objetos de formas bonitas. Cuando empieza a preparar un catálogo cancela todos los acuerdos: sus objetos nunca podrían estar ante los ojos de otras personas.

Se define como «sentimentalmente muy sola». «No formo parte de nadie y tampoco he formado parte de nadie». En un dibujo de su familia que hizo en la infancia dibujó a los padres y hermanos en una cara de la hoja, a cada miembro de la familia le correspondía una esquina, ella se dibujó a sí misma en la otra cara de la hoja. De esta forma se hace muy patente que ella no participa de la familia, que el principio de la participación no existe para ella. No tiene relaciones estrechas con nadie, por supuesto que mantiene el contacto con algunos colegas, pero en realidad no tiene tiempo para «cuidar relaciones» y, por lo demás, considera que los hombres y mujeres de su edad son poco interesantes. Si alguna vez acude a alguna invitación enseguida se queda sola. Incluso en su puesto de trabajo se siente «excluida», al igual que en la terapia se siente excluida por mí. Sólo mucho después, en el transcurso de la terapia, se dio cuenta de hasta qué punto tenía ella la tendencia de excluir a las personas. En el trabajo era considerada una instancia moral crítico-intelectual, sus trabajadoras y trabajadores se sentían «criticados en el mismo momento en que yo aparezco».

«Nunca te harás una mujer de verdad»

El trasfondo de esta constelación del complejo

La madre decía constantemente la frase: «Yo ahí no me meto. Papá tiene la palabra». Karin fue la primera hija, los padres estaban decepcionados pues esperaban tener un primogénito. A pesar de todo, ella tuvo una relación muy estrecha con su padre, incluso después de que llegara el primogénito. El padre insistía en la decencia. Cuando tenía seis años robó una vez veinte céntimos suizos. Con catorce años el padre le seguía diciendo: «La decencia es lo más importante en la vida, pero tú no lo vas a lograr». Karin estaba convencida de que el padre seguía pensando en los veinte céntimos, pero no preguntó. Para el padre era muy importante el rendimiento escolar y el hecho de que fuera una buena estudiante la ayudó a «mantener su posición especial con respecto al padre». El padre no obtuvo demasiados buenos resultados en el colegio. A pesar de obtener unas notas excelentes, el padre insistió en que no eran suficientemente buenas como para ir al instituto, que no merecía ir al instituto. Tampoco dejó que el profesor le hiciera cambiar de opinión. No fue al instituto. En aquel momento entendió esa decisión como una prueba de la seriedad con la que se tomaba sus «obligaciones paternales», pero después poco a poco empezó a sentir rencor hacia su padre en secreto. Cuenta lo siguiente: «Controlaba los deberes escolares, las lecturas, la ropa, a las amigas… Me hubiera gustado tanto escuchar alguna vez que estaba orgulloso de mí, también ahora me gustaría escucharlo, que está orgulloso de mí, que le gusto, no como mujer, pero sí de la manera en que "apoyo a mi marido en su vida laboral"». Se le ocurre que quizás a su padre le sea imposible aceptarla, pues en realidad ella ha llegado más lejos que él. Recuerda que él siempre le exigió traer las mejores notas a casa, pero que a la vez siempre decía que lo importante en la vida no son las notas escolares. Ella también tiene que renunciar a la bendición del padre.

Karin es capaz de replantearse su deseo de reconocimiento por parte del padre, en caso necesario podría renunciar a ese reconocimiento, no quiere sentirse tan acosada, no quiere sentir constantemente la necesidad de obtener el reconocimiento de alguien. Se había dado cuenta de que su deseo de reconocimiento lo había extendido a muchas personas que podrían ocupar el puesto del padre, especialmente en el ámbito laboral. Lo que ahora anhelaba era el sentimiento vital de poder existir. En una mujer con este complejo paterno negativo originario es típico que le sea más fácil renunciar al reconocimiento por parte del padre, o de los padres, ya que existe un aspecto del *Selbst* femenino que no puede ser cubierto por completo por tal reconocimiento. Ella pierde, no obtiene el reconocimiento del padre, ni su identidad, por el contrario está obligada a traer de nuevo a su memoria su identidad lejos de la impronta paterna.

Cuando este proceso se inició al principio, desarrolló una fuerte ira hacia su madre, quien «sencillamente la había dejado en manos de su padre». Cada vez fue cristalizando con más fuerza la idea de que su madre había tenido el primer hijo para dejarlo en manos del padre, que así los otros dos los podía tener para ella tranquilamente, que los dos eran muy diferentes a ella. Ella siente que es muy diferente a su madre y supone que quizás siempre hayan sido muy distintas. Poco a poco le llegan imágenes –sobre todo en sueños– de mujeres maternales en las que encuentra protección, con las que está a gusto y reconoce vivencias con la madre que muestran que ésta no la dejó completamente en manos del padre.

El padre de Karin era un hombre con complejo paterno, para el que el cumplimiento del deber estaba por encima de todo. Por eso es natural que para ella el mundo laboral esté también en primer lugar: por medio de la esfera del trabajo intentó demostrar al padre que era una hija digna y también así se vio que estaba desbordada

Helen

Una mujer de veintiséis años cuenta sobre lo decepcionada que se siente por su padre: «Cuando tenía unos once años mi padre me dijo por primera vez que nunca llegaría a ser una mujer de verdad. Lo repetía constantemente. Intenté averiguar qué era para él una auténtica mujer y una vez me mostró una mujer bien maquillada, con un buen cuerpo y un escote pronunciado. Cuando tenía trece años pensaba él que era hora de que tuviera «formas», y de nuevo salió la frase de que nunca llegaría a ser una mujer de verdad. Entonces intenté vestir muy bien para así gustar a mi padre. Él era importante para mí, le quería gustar, aunque esto fuera imposible. Cuando me empezaron a crecer los pechos me puse un escote pronunciado, y entonces dijo él: "Te vas convertir en una puta". Daba igual lo que hiciera, nada estaba bien. Hasta los veinte más o menos intenté hacer de todo para gustarle, pero no lo conseguí. Hoy en día diría que fui culpable al seducirlo, pero también fui culpable al no seducirlo. Lo intenté también con chicos jóvenes, pero de alguna forma tenía la sensación de que no se fijaban en mí. Entonces conocí a una mujer con la que he aprendido a saber qué tipo de mujer soy, cuáles son mis facetas como mujer. Lo que todavía no llego a comprender es cómo pude considerar a mi padre el centro de mi vida. Mi madre es una buena persona, me intentó decir de diferentes maneras que era una niña normal. Pero en el fondo le pasaba lo mismo: quería gustar a mi padre y no lo conseguía. Manifestar siempre disconformidad proporciona un poder extraordinario».

El complejo paterno impuesto por este padre se hacía efectivo en la esfera de la apariencia externa como mujer, en la cuestión de ser una «verdadera mujer» o no ser una verdadera mujer; pero para Helen también fue una cuestión central el miedo a tener que amoldarse por completo a un hombre y de este modo perderse a sí misma sin apenas recibir nada a cambio. En la esfera laboral, este complejo no tenía efectividad, pero sí ejercía una notable influencia en sus relaciones con parejas masculinas.

Sin haber sido violadas, las dos mujeres estaban violadas en el desarrollo de su *Selbst* femenino. Las leyes que contaban eran las del padre y no la ley vital de la hija, a ambas mujeres fue el padre quien les trazó el camino, no tuvieron derecho a elegirlo por sí mismas. Ambas siguieron ese camino de forma absolutamente incondicional, con la esperanza de obtener reconocimiento, la bendición del padre. Helen, que tenía una mejor relación con su madre, pudo renunciar antes que Karin a la bendición del padre. Las dos hijas fueron incapaces de crear una «relación del nosotros» con sus padres. El sentimiento de estar sobrepasadas procede del hecho de que ambas se ven obligadas a crear ese nosotros a través del trabajo y el rendimiento, aunque esa vía no es apta para crear un nosotros. Pero de esta forma no se pone en cuestión su auténtica identidad, sino que la improductiva lucha por el reconocimiento hace que estas mujeres sospechen más tarde o más temprano que tiene que haber otra forma de vida para ellas. Se despierta su anhelo de obtener una participación auténtica. Sienten que a través de estos padres, que están empeñados en no dejar que sus hijas se hagan «grandes», en no «dejarlas crecer demasiado», no pueden satisfacer su deseo de alcanzar un sentimiento vital oceánico.

Los padres que de una manera tan clara les niegan a sus hijas la «vivencia-del-nosotros» provocan que las hijas busquen su espacio vital fuera de este complejo paterno. Más problemática es la cuestión en los casos de complejos paternos que no limitan con tanta claridad la autorrealización de las hijas: aquí la necesidad de desapegarse del complejo no es tan notoria, lo que por otro lado provoca que estas mujeres se pongan en la posición de hija con facilidad, recibiendo un cierto elogio por ello; pero en el fondo no son tomadas en serio y viven su vida esforzándose en no destacar por encima de los padres y, por consiguiente, de los hombres. Repliegan siempre su inteligencia, pero esto quiere decir que se sienten siempre culpables de sí mismas, sin que este sentimiento hiciera absolutamente necesario buscar de forma consecuente y decisiva el propio *Selbst* y su correspondiente forma de vida.

«La conquista de una tierra desconocida»
Conclusiones

Sólo una pequeña parte de los individuos está marcada tan unila-
teralmente por un complejo, mientras la otra parte del complejo
parental se mantiene tan silenciada como se describe en ese libro.
Las descripciones de complejos aquí presentadas deben ser entendidas
como piezas a través de las cuales se puede entender mejor el universo del complejo de un individuo. Son inimaginables las formas posibles
de combinar complejos maternos y paternos. Y, no obstante, incluso en
personas con unas estructuras de complejo materno y paterno relativamente equilibradas hay épocas en la vida, en las que –en interacción con
otros individuos y con las exigencias de la vida o del trabajo– determinadas partes del complejo se constelan más que otras, tienen más efecto. Por lo tanto, la pregunta no es: ¿*tengo* un complejo materno positivo
originario?, sino más bien: ¿*dónde* tengo mi complejo materno positivo
originario?, ¿cuándo se constela y qué efecto tiene esta experiencia en
mi vivencia del yo y en mis relaciones? O también: si en mi vida se constela el complejo paterno, ¿qué tipo de complejo paterno es? ¿Qué frases
del complejo se reactivan? ¿Tengo que reaccionar de forma acomplejada,
como he reaccionado siempre, o puedo reaccionar de otra manera?

Si las personas concretas de referencia dejan de estar presentes, por
lo general serán sustituidas por otras en la formación del complejo. Los
complejos son sustituidos sólo primariamente por las madres y los padres sociales. Si los padres no están disponibles, entonces los complejos
paternos son ocupados por otros individuos masculinos de referencia,
pero entonces tienen la característica de que casi siempre han sido ad-
quiridos en la interacción con diferentes «padres», lo que, por un lado,

hace visible diferentes facetas en el complejo paterno y, por otro lado, hace propenso a los aspectos colectivos del complejo paterno, es decir, propenso a eso que en una época determinada se considera paternal y paternal arquetípico. Desde mi punto de vista, el desapego es aún más difícil en estos casos, pues las fases del complejo en sentido estricto, que suelen ser muy «voluminosas» en nuestra vida, apenas están presentes; por lo tanto, estas personas tienen la impresión de no tener ninguna necesidad de desapegarse. De hecho, es mucho más difícil desligarse de fantasías de las que apenas somos conscientes que hacerlo de personas concretas de referencia. Aun cuando las personas que tienen parte en estas improntas estén presentes, hay muchas fantasías ligadas a nuestros complejos –personales y arquetípicas–. Al reflexionar sobre nuestros complejos paternos y maternos nos llamará la atención el hecho de que en el comportamiento de la madre había un gran «componente del complejo paterno», aunque aquí habría que averiguar si ella siguió siendo la hija de papá o si más bien se identificaba con el padre del complejo paterno; si imperaba una fijación del complejo, o más bien sólo una acentuación del complejo. Una fijación del complejo quiere decir que el complejo del yo no se ha desarrollado conforme a la edad desligándose del complejo paterno o quizás lo ha hecho sólo en determinadas esferas, de modo que siguen transmitiéndose improntas del complejo completas. Las madres con fijaciones del complejo transmiten sus experiencias del complejo prácticamente sin corregir –quizás corregidas sólo en parte gracias al espíritu de la época–.

En este contexto hay que señalar también que existen algo así como los «complejos colectivos» que también nos influyen en nuestras improntas de complejo. Dado que en nuestra sociedad androcéntrica mucho de lo que forma parte del complejo paterno se experimenta como «normal» o incluso se presenta como algo valioso, y así aquello que forma parte del complejo materno se considera insignificante o se desvaloriza subliminalmente, nuestra estructura de complejo personal está envuelta además por un complejo paterno colectivo, que, al menos para las mujeres, es un complejo paterno negativo, en el sentido de que este complejo colectivo no estimula la auténtica esencia de las mujeres, no las anima a encontrar su propia individualidad. En el caso del hombre sería un complejo paterno que le permite mantenerse en su posición de hijo y excluirse de una evolución necesaria. La idealización superficial y la desvalorización enigmática de todos los espacios vitales relacionados con el complejo materno positivo originario provocan que un complejo materno absolutamente positivo se vea ensombrecido por un complejo materno colectivo desvalorizado. Para las mujeres esto significa que tienen la ligera sensación de estar conformes con su vivencia y su valoración de sí mismas como mujeres, pero a la vez de ser confrontadas con una corriente colectiva de duda ante la identidad femenina, con una desvalorización latente de la esencia de ser mujer. Como contrarreacción existe hoy en día el deseo de determinar y afirmar su identidad femenina, así como de reclamar su valor original, algo que moviliza mucho a las mujeres.

La disposición de volver a nacer

En relación con los complejos paternos y maternos personales, resulta esencial la necesidad de desapegarse a la edad adecuada. Muchos problemas, tanto personales como del ámbito de las relaciones personales o de la política, están relacionados con el hecho de que no se ha conseguido el necesario desapego. Con eso no se pretende decir que nos podríamos desligar por completo de los complejos parentales, sí es posible enfrentarse a los aspectos que se nos presentan en la vida como esas «dificultades que son siempre las mismas». Hay que fijarse especialmente con qué frecuencia nos identificamos con la parte materna o paterna de nuestros complejos sin «saberlo». Si nos hemos desligado demasiado, poco viviremos nuestra vida bajo los mismos temores y con unas expectativas que siempre se parecen y que en cierto modo rehúyen la realidad; a veces construimos enormes estructuras de compensación, en las que invertimos mucho tiempo de nuestras vidas y que en el fondo nos dejan insatisfechos. Posiblemente, hasta tengamos débiles sentimientos de culpa por ello, con razón, pues no somos nosotros mismos, porque, en un proceso continuo de desarrollo, no nos hacemos cada vez más nosotros mismos, sino que bajo la «protección» de nuestros complejos, seguimos siendo aquellos que en realidad no somos. Dejarse escapar a sí mismo en la vida es un grave error y nuestro inconsciente reacciona normalmente a ello. Visto así, se podría entender todo el proceso vital como un proceso de nacimiento, tal y como propone Fromm,[124] por lo tanto, cada fase de la vida debe ser examinada de forma provisional, con el fin último de «nacer antes de morir».

124 Fromm, 1959, § 53, 54.

Esa disposición a volver a nacer constantemente sería la disposición a cuestionarse constantemente las costumbres que resultan de las improntas del complejo que nos son familiares; pero también significa renunciar a lo seguro. Es necesario tener valor para diferenciarse de otras personas, para separarse una y otra vez y volver a comprometerse de nuevo. La temática del desapego es tanto para los complejos maternos como para los paternos una problemática de la separación donde uno deja tras de sí diferentes espacios vitales o se los lleva consigo sólo con una forma diferente. Se trata de una conquista de una «tierra desconocida», y en esa conquista uno sólo puede confiar en las propias sensaciones, los propios pensamientos, los propios sueños y en la capacidad propia de iniciar relaciones con sus semejantes. Con frecuencia es necesaria una decisión: confiar sencillamente en las propias sensaciones, en los propios pensamientos, incluso aunque no esté claro que realmente sean acertados –para nosotros siempre serán más acertados que los pensamientos y sensaciones de otras personas–.

La meta del proceso de desapego sería vivir la vida de tal manera que se nos note bien nuestra impronta del complejo, pero que hayamos aprendido a sentir nuestras propias frases –en lugar de las frases del padre y de la madre–, nuestros propios sentimientos ante una situación determinada, en lugar de los sentimientos que resultan de un complejo. Éstos los podemos reconocer porque siempre se han parecido y se parecen fatalmente. Sobre todo hay que aprender a decir «yo» de verdad y en serio, al menos de vez en cuando y así sentirlo, en vez de esconderse bajo un «se» que refleja tan claramente el aspecto colectivo de los complejos.

Entonces nos será posible ver a un tú en la persona que tenemos enfrente, con la que nos podemos relacionar y cuya plenitud podemos dejar que actúe sobre nosotros, porque sencillamente no proyectamos aspectos de nuestros complejos ni los vemos satisfechos en él, ni pretendemos tener confirmadas nuestras malas expectativas.

En el ámbito político, las personas que se hayan desligado suficientemente de los complejos paternos y maternos asumirían una mayor responsabilidad propia, no esperarían siempre a que el padre o la madre hicieran algo, para criticarlos inmediatamente después. Podría imaginarme que se viera a los políticos en una posición más fraternal que en la que están actualmente, organizando y planificando la convivencia a gran escala. Los políticos podrían verse también a sí mismos desde una posición más «fraternal» si no estuvieran identificados con los complejos parentales. Desligarse es un proceso muy laborioso, el principio de la responsabilidad que resulta de este proceso también es muy laborioso, pero la ganancia es tener la sensación de vivir nuestra propia vida. El resultado que arroja es experimentar la autenticidad, la autoestima, la certeza de lo experimentado a través de los sentidos. Esto significa que vivimos la vida con más energía y que somos personas más interesantes.

El principio del rendimiento – el principio de la participación

Para finalizar, quiero tratar el tema desde una perspectiva colectiva.

Haerlin[125] diferencia entre el yo-presionado-por-el-rendimiento y el yo-participativo, y ve que la problemática y la infelicidad de nosotros los hombres de hoy en día está en que nos centramos demasiado en el yo-presionado-por-el-rendimiento y demasiado poco en el yo-partici-pativo. «En el callejón sin salida en el que se encuentra nuestro sistema basado en el rendimiento se ha originado el deseo de una conciencia participativa».[126] Al sistema basado en el rendimiento pertenecen las «actividades factibles y el mundo construido [...] Al sistema de la par-ticipación está asignado [...] todo lo que existe por sí mismo».[127] Así por ejemplo, menciona la respiración, el sueño, los sueños. Nuestro yo participa en ello, eso no se puede hacer.

El yo-participativo tiene un sentimiento básico de tener derecho a existir y de este modo el derecho a participar de todo lo que hay en el mundo, pero también tiene el derecho a verse a sí mismo como una par-te de todo. El mundo es muy grande y puede ampliarse para ese yo en lo transpersonal. El yo-participativo sería según mi terminología un yo que se sabe sustentado principalmente por un complejo materno positi-vo originario y por lo tanto se puede dejar en manos de la vida. El yo que se considera malo a sí mismo, según Haerlin[128] –y en mi terminología esto es expresión de un complejo negativo originario ya sea paterno o materno–, no siente tener derecho a existir. «Si el yo no es bueno, el ren-

---

125 Haerling, 1987, pp. 12 ss.
126 Ibídem, p. 10.
127 Ibídem.
128 Ibídem, p. 13.

dimiento tiene que ser bueno».[129] Del sentimiento de no ser un buen yo, de no ser un buen *Selbst*, surge un individuo que tiene que demostrar su derecho a existir aportando un buen rendimiento. Pero ese rendimiento no es fruto de la satisfacción por una actividad, sino que resulta de una obligación interior y ésta debe ser visible, medible, comparable con el rendimiento de otros individuos. En relación con esto están las múltiples formas de desvalorizar el trabajo de otros –al fin y al cabo no se trata del rendimiento, sino del derecho a existir, que obviamente es mejor si se destaca por encima de los demás–. Relacionadas con esto están también todas las estrategias con las que las personas intentan reducir la autoestima de los demás y así provocar un debilitamiento de la energía de todos. Y la conclusión a la que llega Haerlin: «La crisis de la conciencia participativa es la crisis de lo femenino y del mundo percibido como femenino. La conciencia del rendimiento es la historia de lo huérfano de madre, de lo no femenino».[130]

Con otras palabras, Haerlin diagnostica que nuestro mundo padece un complejo paterno, donde impera una sensación de inseguridad fundamental que resulta de la desvalorización del mundo marcado por el complejo materno con la exigencia constante de desligarse únicamente de este mundo. El mundo del complejo paterno es el que nos lleva a adoptar nuestras estrategias de rendimiento y de sobreexigencia, el que no permite ser la esencia de un individuo completo, el que nos lleva a tener comportamientos demasiado problemáticos en la esfera de las relaciones, pero también en relación con nosotros mismos y con nuestro mundo.

Existe un deseo colectivo de un mundo dominado por el complejo materno positivo, un deseo de un mundo de participación, deseo de «ánima». Este anhelo es especialmente evidente entre las mujeres. Este mundo sigue siendo desvalorizado, se le denomina «peligroso, amenazador, devorador, caótico» –y todo lo que pueda estar relacionado con la metáfora del miedo–. En cambio, al mundo del complejo paterno se le certifica liberación, orden, claridad. Es necesario salir de estas atribuciones impuestas por los sistemas de poder dominantes, pero que por otro lado encierran ámbitos vitales importantes para el bienestar de los individuos.

---

129 Ibídem.
130 Ibídem, p. 30.

Espero haber mostrado que cada impronta de complejo alberga en sí misma sus problemas y sus opciones y que el complejo del yo siempre se tiene que desligar de cada una de las improntas del complejo, lo que implica que siempre hay que adoptar nuevos pasos de separación y de unión.

Hay que tomar muy en serio el deseo colectivo de un complejo materno positivo y no entenderlo como un simple anhelo del paraíso que enseguida puede ser reducido a una mera ilusión, sino que debe ser entendido como un anhelo de los más diversos espacios y sentimientos vitales que también tienen su justificación y una enorme importancia.

Bibliografía

ALSTON, Toni M., «Mamas kleines Mädchen», en: *Psyche* 42 (6), 1988, pp. 471-501.

BACHMANN, Ingeborg, «Drei Wege zum See (Simultan)», en: *IB Werke*, vol. 12, Múnich, 1978.

BERNARDONI, Claudia y WERDER, Vera, «Erfolg statt Karriere», en: BERNARDONI y WERDER (eds.) *Ohne Seil und Hacken. Frauen auf dem Weg nach oben*, Múnich, 1990.

BLOS, Peter, «Freud und der Vaterkomplex», en: *Journal des PSA-Seminars*, Zúrich 5, 1987, pp. 39-45.

BOVONSIEPEN, Gustav, «Väter – Fragen nach der Identität, en: *Zeitschrift für Analytische Psychologie* 18 (1), 1987, pp. 49-59.

HERMANOS GRIMM, *Kinder-und Hausmärchen*, edición crítica revisada , Heinz Rölleke (ed.), Colonia, 1982.

BURKERT, Walter, *Antike Mysterien*, Múnich, 1990.

CHODOROW, Nancy, *Das Erbe der Mütter*, Múnich, 1985.

COLMAN, Arthur y Libby: *The Father. Mythology and changing Roles*, Chiron, Wilmette, Illinois, 1988.

DIECKMANN, Hans, *Komplexe. Diagnostik und Therapie in der analytischen Psychologie*, Berlín, 1991.

ENKE, Helmut, «Beziehung im Fokus. Die ozeanische Beziehung», en: *Lindauer Texte*, Berlín, 1993.

ERIKSON, Erik H., *Identität und Lebenszyklus*, Fráncfort del Meno, 1971.

FLAAKE, Karin, «Erst der männliche Blick macht attraktiv», en: *Psychologie heute*, n° 11, 1989.

FLAAKE, Karin y KING, Vera (eds.), *Weibliche Adoleszenz. Zur Sozialisation junger Frauen*, Fráncfort del Meno, 1992.

VON FRANZ, Marie-Louise, The *Problem of the Puer Aeternus*, Nueva York, 1970; también: Der Ewige Jüngling, Múnich, 1987.

FREUD, Sigmund, *Die Traumdeutung*, Studienausgabe, vol. II, Fráncfort del Meno, 1972.

FROMM, Erich (1959), «Der kreative Mensch», en: Fromm, *Gesamtausgabe*, vol. 9, Múnich, 1989.

GIDION, Heidi, *Und ich soll immer alles verstehen. Auf den Spuren von Müttern und Töchtern*, Friburgo de Brisgovia, 1988.

GIEREA-KRAPP, Margaritta, «Konstellationen des gut-bösen Mutterarchetyps bei der Behandlung früher Störungen», en: *Zeitschrift für Analytische Psychologie*, 19 (1), 1988, pp. 26-48.

GILLIGAN, Carol, *Die andere Stimme. Lebenskonflikte und Moral der Frau*, Múnich, 1984.

GRIMAL, Pierre (ed.), *Mythen der Völker*, Fráncfort del Meno, 1967.

HAERLIN, Peter, *Wie von selbst. Vom Leistungszwang zur Mühelosigkeit*, Weinheim, Berlín, 1987.

HÄRTLING, Peter (ed.), *Die Väter. Berichte und Geschichten*, Fráncfort del Meno, 1975.

HAGEMANN-WHITE, Carol, «Berufsfindung und Lebensperspektive in der weiblichen Adoleszenz», en: Flaake y King, *Weibliche Adoleszenz. Zur Sozialisation junger Frauen*, Fráncfort del Meno, 1992.

HANCOCK, Emily, *The Girl Within*, Nueva York, 1989.

Handwörterbuch Des Dt. Aberglaubens, Hanns Bächtold-Stäubli (ed.), Berlín 1930.

HILLMANN, James, «Verrat», en: *Zeitschrift für Analytische Psychologie*, 10 (2), 1979.

JACOBY, Mario, «Autorität und Revolte – der Mythos vom Vatermord», en: *Zeitschrift für Analytische Psychologie*, 6 (4), 1975, pp. 524-541.

—, *Individuation und Narzissmus. Psychologie des Selbst bei C.G. Jung und Heinz Kohut*, Múnich, 1985.

JUNG, Carl Gustav, *Gesammelte Werke* (=GW), 20 volúmenes, editado por Lilly Jung-Merker, Elisabeth Ruf y Leonie Zander, Walter, Olten. Se han consultado sobre todo los siguientes volúmenes:

—, GW 2, «Experimentelle Untersuchungen», 1979, 2ª ed., 1987.

—, GW 3, «Psychogenese der Geisteskrankheiten», 1968, 3ª ed., 1985; especialmente: «Über die Psychologie der Dementia Praecox».

—, GW 4, «Freud und die Psychoanalyse», 1969, 1ª ed.

—, GW 5, «Symbole der Wandlung», 1983, 4ª ed., 1983.

—, GW 8, «Die Dynamik des Unbewussten, 1967, 5ª ed., 1987; especialmente: «Allgemeines zur Komplextheorie».

—, GW 9/I, «Die Archetypen und das kollektive Unbewusste,1976, 5ª ed., 1989; especialmente: «Die psychologischen Aspekte des Mutterarchetyps».

—, GW 9/II, «Aion. Beiträge zur Symbolik des Selbst»; especialmente «Das Ich», 1976, 7ª ed., 1989.

—, GW 10, «Zivilisation im Übergang», 1974.

—, GW 15, «Über das Phänomen des Geistes in Kunst und Wissenschaft», 1971, 4ª ed., 1984.

KAFKA, Franz, «Brief an den Vater», en: *Hochzeitsvorbereitungen auf dem Lande und andere Prosa aus dem Nachlass*, Fráncfort del Meno.

KAST, Verena, *Das Assoziationsexperiment in der therapeutischen Praxis*, Fellbach, 1980.

—, *Trauern. Phasen und Chancen des psychischen Prozesses*, Stuttgart, 1982.

—, *Wege aus Angst und Symbiose. Märchen psychologisch gedeutet*, Olten, 1982, dtv. 1987.

—, *Paare. Beziehungsphantasien oder Wie Götter sich in Menschen spiegeln*, Stuttgart, 1984.

—, «Die Bedeutung der Symbole im therapeutischen Prozess», en Barz, H., Kast, V. y Nager,F., *Heilung und Wandlung: C.G. Jung und die Medizin*, Zúrich, 1986.

—, «Das Paar. Mythos und Wirklichkeit», en: Pflüger, M. (ed.), en: *Das Paar. Mythos und Wirklichkeit*, Olten, 1988.

—, *Die Dynamik der Symbole*, Olten, 1990.

—, *Loslassen und sich selber finden. Die Ablösung von den Kindern*, Friburgo, Basilea, Viena, 1991.

—, «Das kollektive Unbewusste und seine Relevanz für Gegenwartsfragen», en: Rhode-Dachser, Christa (ed.), *Beschädigungen. Pschychoanalytische Zeitdiagnosen*, Göttingen, 1992.

—, *Die beste Freundin. Was Frauen aneinander haben*, Stuttgart, 1992.

—, *Animus and Anima: Spiritual Growth and Separation from parental complexes*, Harvest, 1993, 39.

König, Karl, *Angst und Persönlichkeit. Das Konzept und seine Anwendungen von steuernden Objekt*, Göttingen, 1981.

Leonard, Linda, *Töchter und Väter. Heilung einer verletzten Beziehung*, Múnich, 1985.

Lurker, Manfred, Wörterbuch der Symbolik, Stuttgart, 1979.

Märchen der Weltliteratur, Irische Volksmärchen, Múnich.

Mahler, Margaret, Pine, Fred y Bergmann, Anni, *Die psychische Geburt des Menschen. Symbiose und Individuation*, Fráncfort del Meno, 1978.

Neumann, Erich, *Das Kind. Struktur und Dynamik der werdenden Persönlichkeit*, Zúrich, 1963 (Fellbach, 1980).

Nin, Anaïs, *Sanftmut des Zorns. Was es heißt, Frau zu sein*, Fráncfort del Meno, 1975.

Papousek, Mechthild, «Die Rolle des Vaters in der frühen Kindheit. Ergebnisse der entwicklungsbiologischen Forschung», en: *Kind und Unwelt* 54.

Riedel, Ingrid, *Demeters Suche. Mütter und Töchter*, Zúrich, 1986.

Rhode-Dachser, Christa, «Weiblichkeits-Paradigmen in der Psychoanalyse, en: *Psyche* 44, 1990.

—, *Expedition in den dunklen Kontinent. Weiblichkeit im Diskurs der Psychoanalyse*, Berlín, 1991.

SAMUELS, Andrews, *The plural Psyche. Personality, Morality and the Father*, Routledge, Londres, Nueva York, 1989.

SCARR, Sandra, *Wenn Mütter arbeiten. Wie Kinder und Beruf sich verbinden lassen*, Múnich, 1987.

SHELDRAKE, Rupert, *Das Gedächtnis in der Natur*, Berna, 1990.

STERN, Daniel N., *Die Lebenserfahrung des Säuglings*, Stuttgart, 1992.

TELLENBACH, H. (ed.), *Das Vaterbild in Mythos und Geschichte*, Stuttgart, 1976.

TULVING, E., «Episodic and semantic Memory», en: Tulving, E. y Donaldson, W. (ed.), *Organization of Memory*, Nueva York, 1972.

WALKER, Barbara G., *The Woman's Encyclopedia of Myths and Secrets*, Row, San Francisco, 1983.

ZEUL, Mechthild, «Die Bedeutung des Vaters in der weiblichen Entwicklung», en: *Psyche* 42 (4), 1988, pp. 328-349.